Sensibel ist die Erde

Sensibel ist die Erde

Reiner Kunze
Jan Skácel

Horst Nising
Christof Eichler
Josef Sudbrack

Fotokunst-Verlag Groh
Wörthsee bei München

ISBN 3-89008-722-1

Inhalt

Liebe Leser,

... oder sollten wir sagen: Liebe Schauende – Betrachtende? Vielleicht noch besser: Verweilende – Meditierende? Jedenfalls möchten wir Sie ansprechen, die Sie sich den Bildern und Texten öffnen und die Sie sich – so hoffen wir – an ihnen freuen. Freude war es nämlich, die uns bei der Vorbereitung und dann bei der Arbeit an diesem Buch bewegte. Eine Freude und innere Anteilnahme, wie man sie der Meditation zuschreibt! Deshalb ist das Wort »Arbeit« hier eigentlich falsch gewählt. Denn die Begegnung mit der Wirklichkeit, mit Schönheit und Dunklem, mit Freude und Schmerz, dieser Prozeß des kreativen Gestaltens ist von anderer Art.

Da waren zunächst die Lyrik Reiner Kunzes und die Gedichte des tschechischen Dichters Jan Skácel, denen Reiner Kunze eine deutsche Sprachgestalt gegeben hat. Unmittelbar wurde und wird spürbar: schlichteste Worte machen etwas offenbar von dem, wonach wir Menschen auf der Suche sind. Es sind Worte ohne Pathos – ohne Verherrlichung oder Verzweiflung. Es sind keine Worte des sich selbst genugenden Protests oder falscher Zufriedenheit – keine der Resignation! Sind es nicht statt dessen Worte, wie wir sie eigentlich sagen möchten? Von denen wir ahnen, daß wir in ihnen unserem Ich ein wenig näher sind?

Wie von selbst nehmen solche Anstöße in dem, der sie liest, der sie hört, Gestalt an. Man kann sie singen – und man könnte sie sogar tanzen. Sie lassen in unserer Phantasie Bilder aufsteigen und fordern dazu heraus, die Bilder durch Malen oder Töpfern sichtbar werden zu lassen. Oder man versucht – wie hier in diesem Buch – ihnen mit Blumen–Licht–Skulpturen zu antworten. Diese sind ja nicht – man erfährt es schnell – einfach »Übersetzungen« der Gedichte in eine andere Kunstform. Es sind eher Gepräche mit der Lyrik Reiner Kunzes und Jan Skácels.

Gespräche, die im untrennbaren Miteinander der Künste des Ikebana und der Fotografie sichtbar werden; Gespräche, die ausgesprochen und weitergeführt werden in den Texten, die Sie, liebe Leser, auf Ihrem Weg zu den Gedichten und Bildern begleiten möchten. Es sind Gespräche, die sich in anderer Weise im Nachwort spiegeln und die nicht zuletzt erfahrbar werden in dem, was die Fachsprache »Layout« nennt, also in der äußeren und inneren Gestaltung dieses Buches.

Seine Entstehung war nicht nur ein sachlicher Prozeß! Das Buch erwuchs aus gemeinsamem und manchmal mühseligem Suchen. Es entstand im Miteinandersprechen, im Miteinandergestalten. Aber das schenkte uns eine gemeinsame Freude. Deshalb möchten wir das Wort »Arbeit«, von dem zu Beginn die Rede war, durch das Wort »Freude« ersetzen. Eine Freude, die in diesem Miteinander ihre Wurzeln hat und für die wir Reiner Kunze, Jan Skácel und allen anderen Beteiligten von Herzen danken. Es wäre schön, wenn wir Ihnen, liebe Leser und Betrachter, etwas von dieser Freude weitergeben könnten.

Horst Nising
Christof Eichler
Josef Sudbrack

I. Demütiger Augenblick

Alle Hofbeamten hatten ihre kostbaren Gaben gebracht.
Da trat die Prinzessin heran,
ging zum Blumenstrauß und zupfte ein Zittergras zurecht.
Darüber war der König sehr froh.

MEDITIEREN

Was das sei, tochter?

Gegen morgen
noch am schreibtisch sitzen, am hosenbein
einen nachtfalter der
schläft

Und keiner weiß vom anderen

Reiner Kunze

Ikebana-Form: Moribana
Material: Corokia cotoneaster
Cornaceae – Zickzackstrauch
Oncidium Hybride Cambria – Orchidee
Erica lusitanica – Glockenheide
Gefäß: Keramikschale – Wilhelm Kuch
BRD 1975
L 17 cm; B 13,5 cm; H 11 cm

Wo werden wir anfangen? fragte der Schüler. – In der Stille! – Aber dort ist nur Leere? – Ja, so ist es! antwortete der Meister.

Wer meditiert, weiß um Stille; nicht um ein heroisches Schweigen; das überläßt er anderen; aber um die Stille, die einfach da ist, unberufen da ist.

Du mußt nur schauen, hören, fühlen, dann findest du sie. Doch das Wort »finden« ist noch zu »laut« für das Gemeinte. Stille ist der Augenblick, der dir geschenkt wird, wenn du offen bist – wenn du wartest, ohne warten zu wollen.

Vielleicht bist du spätabends von einem guten Gespräch nach Hause gekommen. Du sitzt immer noch am Schreibtisch, um die vergangenen Stunden nachklingen zu lassen. Drei-, viermal hast du den Bleistift angesetzt – vergeblich. Die Verse wirken lustlos, gekünstelt. Du hast gelächelt. Dann bist du aufgestanden, hast ins Schlafzimmer der Tochter hineingeschaut: sie schläft immer so gelöst. Du hast dich wieder an den Schreibtisch gesetzt und durch das offene Fenster in die Nacht hineingeschaut, ins Dunkel gelauscht.

Ja, das ist es. Das ist der Augenblick. Man kann ihn nicht festhalten, auch nicht durch ein Gedicht. Er ist da; und mich kümmert nicht mehr, ob man dabei von Stille oder Geräusch, von Geschenk oder Innerlichkeit spricht. Er ist da – weit wie die Welt vor dem Fenster – voll Geheimnis wie die Nacht – voller Duft, wie der leise Wind – voll Erinnerung wie der Bergsee, über dessen sammelnde Ruhe wir am Abend sprachen. So sitze ich da. Ich weiß nicht, wie

lange. Augenblicke der Stille kann man nicht messen. Ich sitze und höre und schaue und meditiere. Stille, Ruhe, Schweigen ...
Am Morgen kommt sie, die Tochter. Sie kennt ihren Vater. Leise lacht sie mich an und weist auf den Nachtfalter an meiner Hose. Wie lange sitzt er schon dort? – Hat auch er meditiert, die Stille erfahren, das Schweigen und den Bergsee, der lebendig in sich ruht?

Die Wirklichkeit spricht eine eindringliche Sprache. Ich muß nur mein Ohr öffnen – für die Wiesen, die Bäume, die Seen, die Sonne, die Nacht und den Falter. Aus dem lästigen Insekt ist mein Freund geworden, als meine Tochter auf ihn wies – ein Freund, der mit mir still war.

Still werden, still und in sich gesammelt – wie die Keramikschale, deren abgerundete Form immer schöner wird, deren Braun leuchtet ohne Aufsehen. Wie harmonisch, wie reif ist dieses Gefäß! Aber reif nur, weil es offen ist für die Blüte, die aus ihm wächst. Oder ist die Blüte der Nachtfalter an meinem Hosenbein? Der winzige Zweig der Glockenheide mildert die weiße Feierlichkeit, erinnert an die Keckheit des Falters. Auflockernd und erheiternd auch die bizarren Verzweigungen des Zickzackstrauches. Wie die orientalische Architektur der Alhambra in Sevilla, wie die Putten im Stuck einer Rokokokapelle in Oberbayern; besser noch: so wie ich gerne träumen möchte, wenn ich meditiere – gelöst, heiter.

Ich sollte eine ruhige, abgeklärte Schale werden, aus der eine Blume erwächst; meine Phantasie wird dann spielen, hinauf- und hinabsteigen, sich in der Dunkelheit verlaufen und wieder ins Licht zurückfinden. Sie wird sich immer wieder sammeln in der Schale, in der Stille des Meditierens, in mir.

Doch das Schönste ist die Orchideenblüte. Und sie stammt nicht aus meinem Bemühen. Sie wurde mir geschenkt. Sie hat sich auf meinem Hosenbein niedergelassen – der Nachtfalter, auf den meine Tochter wies.

KLEINE WEILE

Für keine wahrheit der welt.
Doch wenn du willst,
für einen pfennig stille.

Ein verweilen gibt's, das die gegend teilt.

Demütiger augenblick,
da jemand für uns atmet.

Jan Skácel

KLEINE WEILE

Ikebana-Form: Shinputai
Material: Spartina michauxiana
»Aureomarginata« – Besengras
Celastrus orbiculare – Baumwürger
Bergenia Saxifragaceae – Bergenie
Gefäß: Glasschale – Rudolf Angerer/
Dr. Heinz Simon – Kollektion Christinen-
hütten – Limitierte Editionen »Arte Nova« –
Schott-Zwiesel-Glaswerke AG – BRD 1980
∅ 36 cm, H 7,5 cm

Nichts ist stiller als Begegnen – wenn in die Dunkelheit der Nacht ein Lichtstrahl fällt und den Grashalm zum Leuchten bringt – wenn ein Stein die Wasserfläche trifft, und Wellenkreise umspielen meine Füße – wenn ein Geigenton mein Ohr öffnet – wenn Kinder im Spiel gesammelt mich anblicken – wenn ich ein Wort höre, das aus Vertrauen gesprochen in mein Vertrauen hineinklingt – wenn ich »Du« sage – nichts ist stiller als Begegnen.

Das Ikebana will dieses Begegnen zeigen – Begegnen von Licht mit Licht. Oder greift der Halm, geweckt durch das Licht von oben, das sich in der Schale spiegelt, nach mehr Helligkeit aus? Oder will alles das nur einfach schön sein?

Die Bewegung–Begegnung des Arrangements ist zugleich ruhig und lebendig. Man kann Dramatik in ihm finden – vielleicht die des Schöpfungsmorgens, als das Licht die Finsternis des Chaos besiegte – »Und Gott sah, daß das Licht gut war!« Man kann die Ruhe in ihm erspüren, die **keine wahrheit der welt** geben kann, sondern nur **ein pfennig stille.** Man muß nur hinschauen, still werden, das Schöne sehen.

Ich suche in den Versen dieses Wort »schön«. Aber das Wort scheint zu schwer zu sein für die Leichtigkeit des Gedichts; es wäre wie eine technische Apparatur, in die man eine Münze hineinwirft, um die Sehenswürdigkeiten im Tal anzuschauen. Aber ist nicht alles sehenswürdig, was uns begegnet? – am würdigsten das, was kein Aufsehen erregt, was nur es selbst ist? Ich bin es, der verweilen muß – eine **kleine weile,** einen **demütigen augenblick.** Dann **teilt** sich der Nebel meiner Unruhe, löst sich der Dunst meiner Geschäftigkeit; ich kann sehen, hören, spüren, **atmen.**

Ein Sonnenstrahl hat den Nebel durchbrochen und die **gegend** aufgeweckt. Und dort wachsen – dem Licht entgegen – die zarten Blätter des Grases.

Im Ikebana ist es ein Besengras – gering, **demütig.** Das braunrote Blatt der Bergenie schenkt ihm Kostbarkeit; die bizarren Linien des Baumwürgers heben – im Kontrast – seine senkrechte, schlanke Gestalt hervor. Das Gras aber ist schön in sich, gerade, auf-recht (recht-richtig-Gerechtigkeit!) – es steigt ins Licht.

Ob die dem Jugendstil nachempfundene Vase auch die Schlankheit kontrastieren soll? Doch das Wort »Kontrast« ist wiederum zu technisch, zu gewollt. Die Asymmetrie der Rundung spricht von Leben, das sich wiegt und öffnet, das weitet und entläßt; spricht vom Rhythmus schöpferischer Kraft, die dem Künstler, die uns Menschen, die mir geschenkt ist.

Ja, das müßte ich! Nicht mit geballter Faust und zusammengepreßten Zähnen, sondern mit offener Hand, die empfangen kann, verweilen – eine **kleine weile** lang.

Das nannte man einmal **demut:** nicht zugreifen, eingreifen – als seien wir die Herren der Wahrheit und könnten mit ihr die Welt beherrschen – sondern warten, hinschauen, still werden; nicht nach den Gipfeln von Wissen und Welt greifen, sondern die Weisheit von den Gipfeln hören – sie ist still, **demütig,** schweigend.

Ein Sonnenstrahl durchbricht die Nebel meiner Langeweile; alle Leistung ist überflügelt vom Geschenk des Ungeahnten; der Alltag mit Betonwänden und Glasfronten gibt den Blick frei für das, was man erspüren, aber nicht beschreiben kann. Es birgt sich in meine Erinnerung; da **atmet** jemand für mich; da ist Leben, das mich aus der Isolierung erlöst – Luft, die mich aufnimmt.

So war es damals, als ich vor der alten Mauer stand, **verweilte** und den Eidechsen zusah, die sich in der Sonne räkelten, blitzschnell verschwanden und wieder hervorkamen. Und immer lebendiger begann auch der stahlblaue Schiefer zu **atmen** – mit mir, für mich, in mir.

Die ganze Welt ist voll von Begegnung. Das Licht, das uns geschenkt wird; die fernen Berge, die in diesem Licht so nahe sind; der Mensch von nebenan, der mir einen freundlichen Gruß zunickt – und auch der winzige Grashalm, der sich dem Licht entgegenreckt. Er kann es ja, er darf es ja, weil **jemand für uns atmet.** Nur **demütig** muß ich sein, wie die Stille, die **einen pfennig** kostet. Dann ist der Augenblick da.

Ich erinnere mich, daß Augustinus und Meister Eckhart Gott »nunc stans« nannten, einen in sich ruhenden »Augenblick«.

ICH WILL ES HÖREN

Auf dem grund jedes liedes,
des traurigsten auch,
auf dem grund jedes gläschens
klingt etwas leis.

Zuweilen nur kurz,
ein andermal lang.

Ich will es hören.
Gott weiß, was mich zwingt,
doch muß ich warten, bis es klingt,
sonst würde meinem herzen bang.

Jan Skácel

ICH WILL ES HÖREN

Ikebana-Form: Nageire Jiyuka
Material: Caladium bicolor –
Buntwurzblätter
Rhododendron kiusianum-kaempferi –
Hybride »Rex« – Azalee
Calocephalus brownii – Calocephalus
Gefäß: Fadenglasvase – Hubert Koch
DDR 1979
Ø 9,8 cm; H 22 cm

Die Verse klingen wie ein Volkslied vom Mühlenrad, vom Mädchen, vom Abschied, vom Tod – **grund, leises klingen, warten** und das **bange herz.** Sie münden sogar in Endreime aus: **zwingt-klingt;** und – überrascht merkt man es – **lang-bang.** Man sucht nach der Melodie, die doch zu diesem Lied gehören muß.

So ist auch die Stimmung: menschlich, leise und traurig, ja traurig! Warum liegen Traurigkeit, Tiefe (zweimal wird **grund** genannt) und **klingen** (ebenfalls zweimal genannt) so eng beieinander? Warum findet man sich darin? Gibt es ein Glück ohne Traurigkeit? Die Mystiker wissen von der »dunklen Nacht«, ohne die es keine Gottesbegegnung gibt – höchstens die selbstzufriedene Bewußtseinserweiterung. Gibt es schöpferisches Dasein ohne Traurigkeit? Albrecht Dürer stellte seine Genialität im Rätselbild der traurigen »Melancholia« dar!

Ich lese das Gedicht noch einmal – zum wievielten Male? Die Überschrift klingt aggressiv, willensbetont. Doch dann merke ich: das bin ich selbst, der etwas zwingen möchte, der etwas will – **doch ich muß warten.**

Seltsam, diese Spannung! Etwas, das man erzwingen will, damit es mir gehört – und doch **ich muß warten;** denn es kann nur Gabe sein. Das Höchste, das Schönste, das Erfüllendste ist immer Gabe, Geschenk, Liebe. Der Mensch ist auf Geschenk, auf Gnade hin geschaffen.

Und wir sind **bange,** weil wir erzwingen wollen, was nur geschenkt werden kann: Frieden erzwingen, statt ihn sich schenken zu lassen – der Erde Früchte entreißen, statt sie sich schenken zu lassen – Kunst, Schönheit, Harmonie, Tiefe,

Erfahrung, Seligkeit erarbeiten, statt sie sich schenken zu lassen.

Und dabei klingt doch das, was wir suchen, **auf dem grund jedes liedes,** ist im **grund jedes gläschens** verborgen.

Leben wir nicht ein ganzes Leben lang auf die letzte Stunde hin – wartend, hörend – **bis es klingt,** was uns schon geschenkt ist? Ist nicht dieses Hinhören ein ganzes Leben lang Grund dafür, daß alle wirklichen Erfahrungen durchzogen sind von jener Traurigkeit, die die Gotteserfahrung des Mystikers und unser leises Volkslied begleitet? Erst im Warten und Hören wird der Grund des Ganzen – **Gott weiß** – vernehmbar! Das Ikebana malt diesen Klang – leise, zerbrechlich, verletzlich – in der Zartheit der Vase, in der Zerbrechlichkeit der trockenen Buntwurzblätter. Man vermeint einen Schmetterling zu sehen, der zum Fliegen ansetzt (oder will er aus der roten Azalee Honig saugen?).

Das Blatt unten, am Rand der doppelten, sich spiegelnden Helligkeit, liegt in einem Gezweig, von dem man nicht recht erkennt, ob es Angst macht oder entlassend sich öffnet. Aber man muß es nicht wissen. Denn die beiden Schmetterling-Blätter reden zueinander. Aus dem Grund klingt ihr Gespräch in mein Ohr – Martin Buber nennt dies eine »Stimme verschwebenden Schweigens« – sich abhebend wie der Schmetterling, aber wirklich und beglückend.

Die beiden roten Blüten der Azalee zeigen, was das Ikebana in den Versen vernommen hat: die eine Blüte liegt verborgen im Grund, die andere schwebt am Rand des Glases – leicht, leise, wie das Volkslied. Und alles geschieht in einem Licht, von dem man zunächst fürchtet, es sei zu neugierig und zerstöre die Zerbrechlichkeit. Doch so ist es nicht. Der Hauch der zarten Buntwurzblätter und die Harmonie des gleichen und doch verschiedenen Rots der Blüten wird gehalten und verbunden durch die Bewegung der Fadenglasvase.

Sie ist leicht und steht zugleich fest auf dem Boden. Sie ist durchsichtig wie Licht und zugleich sprechend wie ein Wort. Klang wird in ihr sichtbar; das Fadenmuster ist voll Musik, klingt, sammelt sich zur Mitte; zur lichtförmigen, durchsichtigen Mitte; zur Mitte des Arrangements.

Auf diesen Klang will ich hinhören; er dringt aus **dem grund** zu mir. Ohne ihn wäre es finster, und es **würde meinem herzen bang.**

SENSIBLE WEGE

Sensibel
ist die erde über den quellen:
kein baum darf
gefällt, keine wurzel
gerodet werden

Die quellen könnten
versiegen

Wie viele bäume werden
gefällt, wie viele wurzeln
gerodet

in uns

Reiner Kunze

SENSIBLE WEGE

Ikebana-Form: Moribana
Material: Juniperus communis – Wacholder
Pinus montana – Bergkiefer
Rhododendron – Azalee
Gefäß: Bronzeschale – Japan 19 Jh.
L 32,5 cm; B 17 cm; H 9,5 cm

Die Aussage von Bild und Text scheint eindeutig zu sein. Der Warnung vor der Verletzung der Natur – **die quellen könnten versiegen** – entspricht die überquellende Natur des Ikebana. Man findet sich nur langsam in ihrem Dickicht zurecht: links der Wacholder, den ein Bergwind zu Boden gedrückt hat; rechts Latschenzweige, etwas weniger wild; und dazwischen der Rhododendron, der einfach nur – ohne erkennbare Ordnung – wächst und blüht. Im Gefäß ahnt man das (Quell-)Wasser, das Nahrung schenkt – und es muß **versiegen,** wenn die **bäume gefällt** werden.

Aber dann bleibt der Blick an der japanischen Bronzeschale hängen. Über zweihundert Jahre ist sie alt und bezeugt eine ehrwürdige Kultur. Sie ist kein Gebrauchstopf, wie man ihn auf einer Almhütte in zweitausend Meter Höhe benutzt – das ist nämlich die Landschaft, aus der alle Pflanzen-Materialien des Ikebana stammen. Die Bronzeschale könnte am Rand eines japanischen Gartens stehen – ein Geschenk für eine Prinzessin, gestaltet von einem großen Künstler.

Also doch keine urwüchsige Natur? Hören wir noch einmal die Parabel des Gedichts. Schon der Titel macht hellhörig: **sensible wege** – nicht etwa Urwaldpfade! Das Fremdwort **sensibel** klingt nach bis zum letzten Vers: **in uns.** Und auch die mahnende Frage: Warum doch **versiegen** die **quellen in uns?** tönt zwar vorsichtiger als alttestamentliche Prophezeiungen. Aber das Echo ihrer Drohungen klingt durch.

Nach und nach entdecke ich weitere Feinheiten, Sensibilitäten. Der Zeilenbruch nach

kein baum darf verweist uns energisch auf die nächste Zeile, lenkt die Aufmerksamkeit zweimal auf **gefällt/gerodet,** zeigt noch deutlicher auf die letzte und sinntragende Zeile: **in uns.** Ganz in sich stehen die beiden Worte und bilden – wie **sensibel** – eine einzige Strophe.

Darauf also kommt es an: **sensibel** für die Quellen **in uns!** Quelle ist ein altes Symbol für Leben, Schenken, Fruchtbarkeit, Klarheit, Weite – wie das Meer. Die romantischen Maler haben sie allegorisiert durch eine blühende Frau, die aus einem Krug auf der Schulter Wasser ausgießt. Das Johannes-Evangelium kennt Quellen **in uns,** aus denen lebendige Wasser hervorströmen, lebendige Wasser der Güte Gottes für jeden Menschen.

Warum versiegen sie **in uns,** in mir? Eine sogenannte Kultur (sprich Un-Kultur) will Bäume fällen, Wurzeln roden, alles in den Griff bekommen. Nicht nur in der großen Welt von Wirtschaft und Politik, sondern ebenso (und noch mehr) in meinem privaten Raum. Freiwachsende Bäume aber mit tiefen Wurzeln im Dasein, das sind stille Stunden, in denen man zweckfrei (aber sinnvoll) miteinander spricht; das sind Tätigkeiten, die nicht aus Leistungswillen, sondern aus Freude geschehen; das sind Minuten, in denen ich stehenbleibe, eine Blume anschaue und nachsinne; das ist der Baum, das Buch und das Bild; das ist die Natur, die man nicht durchhastet, sondern sich schenken läßt; das ist das Gebet. Wer diese **bäume** rodet, bringt die Lebensquellen zum Versiegen. Nur mit ihnen wird das Leben wert, gelebt zu werden, bekommt es Sinn. Was bleibt übrig, wenn alles von Leistung, Planen und Tätigsein bestimmt wird?

Aus Reiner Kunzes Versen spricht keine naive Kulturkritik. Im Gegenteil! Sie enden doch **in uns;** in unserer Entscheidung, in meiner Verantwortung. Dort muß sich zeigen, wie es weitergeht; dort, auf den **sensiblen wegen.** Was für die Natur richtig und für unsere Kultur so wichtig wird, in der Planung und Manipulationen immer mehr Leben ausrotten und unter einer Betondecke begraben, gilt zuerst für mich: wenn ich keinen **baum** mehr in mir einwurzeln lasse, wird mein Lebensquell versiegen. **Sensibel** ist der Erdboden meines Daseins!

Nun bin ich wacher für die Botschaft des Ikebana: Natur und Kultur, Schöpfung und Mensch leben in Harmonie. Dies klingt weder zaghaft, noch wird das Menschliche ausgeschaltet. Wie feinfühlend, **sensibel** und zugleich eindeutig fängt das Wellenmuster der Schale den Wildwuchs der Alpenpflanzen ein! Und dazu dann das Licht, das sogar in seinem Schatten die Harmonie von Mensch und Natur aufleuchten läßt!

ANTWORT

Mein vater, sagt ihr,
mein vater im schacht
habe risse im rücken,
narben,
grindige spuren niedergegangenen gesteins,
ich aber, ich
sänge die liebe

Ich sage:
eben, deshalb

Reiner Kunze

Ikebana-Form: Moribana
Material: Rosmarinus officinalis – Rosmarin
Primula-Elatior Hybride – Primel
Gefäß: Tongefäß – Ç Alapverdi/Türkei
ca. 1.500 v. Chr.
ø 10,5 cm; H 9,5 cm

ANTWORT

Beim Betrachten des Ikebana regten sich in mir zuerst nostalgische Gefühle: eine Zusammenstellung von uralter Überlieferung und jungem Leben – wie in einem Märchen oder einem Weisheitsspruch von Laotse oder auf einem Bild der Nazarenerschule. Das Gefäß wurde vor weit über dreitausend Jahren von Hethitern aus Ton geformt und in der Luft getrocknet. Man muß ihm keinen hohen künstlerischen Rang zumessen. Heute wäre es einer der vielen Töpfe, die jede gute Hausfrau in ihrer Küche hat. Was es auszeichnet, ist sein hohes Alter, das in den Rissen, Abschürfungen und Wunden sichtbar wird. Aus altem Grund wächst junges Leben: die gelbe Primel, die meinen Blick zur Mitte zieht, und das Ästchen des Rosmarins. Die Lichtgebung – wie der Morgen der Jugend – verstärkt noch den Eindruck eines sentimentalen Stillebens, in dem sich Alter und Jugend, Weisheit und Kraft, Tradition und Zukunft friedlich die Hände reichen.

Das Gedicht jedoch zerstört jede Art von Nostalgie. Reiner Kunze spricht biographisch. Allerdings muß man sich hüten, nun eine Anklage und einen Streit aus den Versen herauszulesen. Sie erzählen vom Leben zweier Menschen. Und sicherlich steht der Autor auch heute noch in diesem fragenden – inneren und äußeren – Dialog. **Mein vater** heißt es sich wiederholend, und auch **ich aber, ich** wird eindringlich betont. Der überlange Vers von den **grindigen spuren** läßt schon durch den pochenden Rhythmus die Alltagswelt der harten Arbeit spüren: Wort für Wort baut er vor uns das Bild der Bergwerksfron auf. Darf ich unter der Sonne singen, wenn mein

Vater sich unter Tag abarbeitet? Darf ich von Liebe erzählen, wenn Menschen gefoltert werden? Wenn Kinder verhungern, ganze Landschaften von mörderischen Giften vernichtet werden?

Reiner Kunze antwortet: **eben, deshalb** – die Atempause des Kommas zeigt, wie überlegt er antwortet. Ein Rabbi wurde einmal gefragt: Wie kann man nach Auschwitz, dem Todeslager für Hunderttausende von Juden, noch beten? Seine Antwort: Wie kann man nach Auschwitz immer noch nicht beten gelernt haben?

Der Gesang der Liebe ist so wichtig, ernst, lebensstiftend wie das Gebet der Mutter. Der Mensch ist nicht nur Rädchen im Arbeitsprozeß der modernen Industriewelt. Der Mensch ist nicht nur »Material« – wie das furchtbare Wort hieß – für Interessen und Mächte. Genauer: er ist nichts von alledem. Äußere Umstände können ihn in diese Rolle zwingen. Aber die Liebe setzt das kraftvolle Zeichen dagegen: Liebe und Gebet – in ihnen erfährt der Mensch, daß das Unendliche, daß der Unendliche sich ihm zuneigt. Das stille Gedicht bekommt die Melodie eines Revolutionsliedes, das ehrlicher und wirksamer ist als die Revolutionsparolen, die man den Vater in der Grube lehrte.

Doch es erhebt keineswegs einen solchen Anspruch. Zurückhaltend formuliert es die eigenen Fragen, den Zweifel: Darf »ich« singen? Keine theoretische Aussage, mag sie noch so richtig sein, kann Tatsachen besiegen: dort der Vater und hier der Sänger – keine theoretische Aussage, wohl aber ein Lied wie dieses, getragen von Ehrfurcht vor dem Vater, getragen von Freude am Leben. Die Antwort, die beim ersten Hören barsch, abweisend klang – **eben, deshalb** – wird zum Tor in das Fühlen und Suchen eines Menschen: darf ich – muß ich von der Liebe singen?

Und von dieser Erfahrung her verliert auch das Ikebana alle Nostalgie und Sentimentalität. Es spiegelt Altes und Junges, Dunkel und Licht, Schweres und Leichtes, Erde und Blühen – es ist zugleich zerrissen und grünend – wie neues Leben. Es wächst hinein ins Licht – Zeichen für das, wovon das Gedicht spricht, von der Kraft der Liebe und des Lebens.

Und leise taucht in mir die Frage auf: Ob die goldgelbe Primel nicht doch den Revolutionsgesang von der Freiheit singt?

II. Die Rose zu Besuch

»Der Abschied schmerzt mich wie das Sterben«, sagte er.
»Aber meine Liebe war nie so tief wie jetzt«, erwiderte sie.

GELEGENHEITEN HAT DIE ROSE VIELE

Rosen für alle gelegenheiten liefern
die gärtnereigenossenschaften der stadt Brünn
(aushang in der straßenbahn)

Ich habe gäste heute,
gäste habe ich.
Auf ein stündchen kam zu mir die rose heute.
Gib, himmel, daß ich ungesucht bin, schlicht
wie teurer schmuck,
wie in der schlägerei das nackte messer,
und daß es wie in einem glase rein im herzen ist.

Heute kam zu mir die rose zu besuch.

Ich hörte vor der tür schon ihren atem,
und in einem rinnsal,
aus der tiefe sickernd,
stieg der duft die stufen leis heran,
dann kam sie selbst,
sie brauchte nicht zu klopfen.
Die nacht war ohne mond,
war blind,
mir aber strahlte eine weiße rose.

Heute abend kam zu mir die rose zu besuch.

Wovon wir sprachen?
Wovon die rose und ein kerl im schwarzen sweater
sprechen können.
Davon, daß Allah eine handvoll wind nahm
und ein pferdchen schuf,
und sie sagte:
Über deinen augen hast du einen raben,
daß er dir nicht fortfliegt,
trauriger, du.

Und ich fragte:
Wohin?
Sie haben alle äste abgehackt,
er könnte auf die erde niederfliegen,
und dort hätten wir uns wieder.

Heute abend kam zu mir die rose zu besuch.

Wir saßen da zu zweit,
und sie, betaut, trank reines wasser,
die besucherin, die wunderbare weiße rose
im glase meines herzens.

Jan Skácel

Ikebana-Form: Moribana Jiyuka
Material: Pyrus – Birne
Spathiphyllum wallisii – Aronstabgewächs
Pinus – Kiefer
Polytrichum juniperinum – Moos
Spiegel
Gefäß: Glasschale – Italien 1980
Ø 35 cm; H 6 cm

Märchen sind nicht nur Gute-Nacht-Geschichten für Kinder. Seit C.G. Jung und anderen wissen wir: im Märchen spiegeln sich Grundgegebenheiten des Lebens: gut–böse, reich–arm, stark–schwach, schön–häßlich. Mehr noch: im Märchen spiegelt sich mein ganzes Leben, in dem Gut und Böse in ewigem Kampf liegen. Im Märchen gewinnen Sehnsüchte und Ängste, Narben der Vergangenheit und Wunden der Gegenwart, Triebe und Verlangen des Menschen Gestalt. Das Märchen schenkt mir Bilder, die es ermöglichen, mich mit all dem auseinanderzusetzen.

Dem tschechischen Dichter Jan Skácel fiel während einer langen Straßenbahnfahrt ein Märchen ein (wer hat nicht schon bei solchen Gelegenheiten träumend sinniert?). Es handelt von seinem Ich: Er und die Rose sind beide er selbst, der grobschlächtige Kerl und die duftende Blume.

Und jetzt sind sie einander wieder begegnet – in kindlicher Wiederholungsfreude, wie in einer Litanei berichtet das Gedicht darüber. **Heute kam zu mir die rose zu besuch!** – Wie war es dir, als du einmal Gutes tatest? Als du einen Abendbesuch bei der Kranken von nebenan machtest? Als du etwas Schönes, Klares bei dir selbst entdecken und erleben durftest?

Man muß den Zeilen nachgehen – hinhören – mit den Sinnen die Bilder erspüren, dann hat man das Gedicht verstanden. Die Kirchenväter kannten »geistliche Sinne«: riechen, hören, atmen, schmecken, sehen – Sehen im **strahl** der Rose (kann der Verstand so etwas erfassen? Läßt es sich nicht doch nur mit »geistlichen Sinnen« erspüren?). Das Gespräch wird zart. Zuvor waren es noch unbeholfene Bilder: **ungesucht** (das gilt mir), **schlicht wie teurer schmuck** (das leuchtet ein), **wie das nackte messer der schlägerei** (das muß vom »Kerl-Ich« stammen). Jetzt springt das **pferdchen** aus einer **handvoll wind** heraus (wie auf einem Bild von Marc Chagall).

Das »Rosen-Ich« mahnt und tröstet das »Kerl-Ich« im schwarzen Sweater: Laß deine erdhaften Raben nicht fortfliegen. Aber sie können ja gar nicht weiterfliegen, denn die hochreichenden **äste** im erdhaften Ich sind **abgehackt.** Und dennoch: wie gut, daß es die Rose gibt, die mich besucht und reines Wasser trinkt **im glase meines herzens.**

Kaum habe ich es hingeschrieben (und nochmals durchgelesen), sträubt sich in mir etwas gegen die Deutung des Märchens. Darf man Märchen deuten? Zerstören die altklugen Analysen der Psychologen nicht ihren Charme und ihre Wahrheit? Auch die eben niedergeschriebenen Worte dürfen keine »Erklärung« oder »Ausdeutung« sein, sondern nur der Rahmen, in dem das Märchen selbst leben und sprechen soll. Es ist doch viel reicher, bunter, wirklicher (Deutungen können Wirklichkeit zerstören) als das Geschriebene. Einfach die Bilder, die Geschichte, den Sprechrhythmus, die Verse wirken lassen. Laß die **rose** – deine eigene – zu dir kommen – sei der, der du bist.

So oder ähnlich muß auch die Ikebanaskulptur entstanden sein. Sie spiegelt (drei Spiegel sind es) eine Irrealität, die realer ist als manche Realität. Auf der linken Seite entdeckt man das Spiegelbild des Birnenzweigs und fragt dann: Ist die weiße Blüte des Aronstabes in der Mitte Wirklichkeit, Spiegelung oder vielleicht gar gedoppeltes Spiegelbild? Man geht weiter auf die Suche und entdeckt Waldmoos und Kiefernzweige. Alles ruht in einem grauen Gefäß, und man kann kaum glauben, daß es nur aus Glas besteht.

Auf eine solche Weise sollte man auch das Gedicht in sich hineinnehmen: suchend, wachsen lassend, staunend und ein neues eigenes Märchen erzählend. Ein Märchen mit all seinen Unwirklichkeiten (sie sind doch oft wirklicher als die Wirklichkeit) und seiner Zauberwelt. Wie geheimnisvoll ist doch der Mensch! Wie tief reichen seine Wurzeln? Wer bin ich? Und wie unscharf, wie grob sind doch die Begriffe und Erkenntnisse, mit denen man einen Menschen zu verstehen sucht. Ein Märchen der Liebe, eine Blume des Frühlings kennt mehr von ihm als das Wissen der Klugen und die Worte der Bescheidwisser.

Aber dann zuletzt: das Vexierbild des Ikebana wird immer unheimlicher – eine Spiegelwelt voller Schönheit, die die Wirklichkeit ver- und nicht ent-birgt. Wie beruhigend ist es, daß mir in dem Gedicht auch der so sympathische Kerl im schwarzen Sweater mit seinen rauhen Worten begegnet. In ihm finde ich mich leichter.

EINLADUNG
ZU EINER TASSE JASMINTEE

Treten Sie ein, legen Sie Ihre
traurigkeit ab, hier
dürfen Sie schweigen

Reiner Kunze

Ikebana-Form: Shinputai
Material: Sagittaria – Pfeilkraut
Iris pseudacorus – Wasserschwertlilie
Potentilla fruticosa – Fingerkraut
Gefäß: Etruskische Bronzeschale (Kopie) – Italien ca. 600 v. Chr.
ø 15 cm; H 4,5 cm

Auch wer sie nur vom Hörensagen kennt, hat wohl eine japanische Tee-Zeremonie vor Augen: den Garten mit dem schlichten Holzhaus; die einfachen, genau festgelegten und gerade deshalb so »stillen« Gesten; das schlichte Rund der Teeschale (die allerdings grünen Tee und nicht den süßlich kräftigen Jasmintee enthält); den »Teemeister«. Ich durfte eine solche Zeremonie, Frucht uralter Kultur, einmal miterleben. Weisheit, Wachheit, Stille und Besonnenheit sind das Geschenk dieses leisen Geschehens.

Es ist wie in einem Blumengarten; man bückt sich und spürt vorsichtig mit der Fingerkuppe einer Gras- oder Blumenform nach. Es ist wie mit einem ledergebundenen Gedichtband, in dem jedem Gedicht – und mag es nur aus zwei Zeilen bestehen – eine Doppelseite gehört; man nimmt ihn zur Hand, liest einige Verse, schaut auf, hält inne – und in einem glücklichen Augenblick wird einem Weite und Offenheit geschenkt.

So erging es mir mit der **einladung zu einer tasse jasmintee.** Erst wollte ich tiefsinnige Gedanken daran anknüpfen, mit Guardini oder Kierkegaard über den »Sinn der Schwermut« oder mit den christlichen Mönchsvätern über die »Akedia«, das Laster der selbstbezogenen, traurigen Apathie nachsinnen. Doch Gedicht und Ikebana sind einfacher (was nicht heißt: weniger tief). Es ist hilfreich, Erinnerungen an einen Augenblick wachzurufen (vielleicht ist er jetzt da), als solch eine kleine Stille, solch behutsames Schweigen einen aufnahm und ein Stück Wahrheit schenkte. Worte, die man oft als sentimental verschreit, tauchen auf. Doch, warum sich nicht dazu bekennen?

Die drei Verse mit genau zwölf Worten aber sagen noch mehr. Sie sind eine **einladung.** Jemand – das Sie ist großgeschrieben! – lädt mich ein. Da ist also einer, der mir einen Raum der Stille öffnet. Ich muß nicht reden, mich verteidigen, muß keine verkrampfte Konversation pflegen. Ich darf schweigen. Ohne »ihn« könnte ich mich wohl nicht von der Traurigkeit befreien. Seine Einladung, einzutreten, weist mir den Weg. Die **tasse jasmintee** wird zum Bezugspunkt für Befreiung, Weite. Es ist seltsam: Schweigen und Weite, der bescheidene »Raum« der Teestube und der offene »Horizont« der Befreiung von Traurigkeit gehören zusammen. Eine »laute Weite« wäre doch ein Widerspruch; sie brächte Angst – und »Angst« kommt von »Enge«. Die Hütte, die Schale heißen Tees, die leise Geste dessen, der mich einlud – das ist Weite, Offenheit, Schweigen.

Auch die beiden Blätter des Pfeilkrauts streben nach oben; eines trägt die Helligkeit sogar über das Licht hinaus. Die edle Bronzeschale ist einem Originalfund aus der Etruskerkultur nachgebildet. Ihre Form vermittelt wiederum Weite. Der Wasserspiegel läßt verstehen, warum die klassischen Ikebanakünstler in diesen Formen den Kosmos symbolisiert fanden: aus der Weite des »Meeres« wächst die offene Freiheit des »Himmels«.

Die schwingenden Blätter einer Schwertlilie unterstreichen diese Bewegung. Zweige und Blüte des Fingerkrauts, die über dem Wasser schweben, orientieren sich wieder zur Erde. Nähme man sie aus dem Bild, bliebe nur ein langweiliges, unwirklich idealisierendes Blumenarrangement zurück. So aber spüren wir die Mahnung, unsere Traurigkeit nicht mit großspurigem Reden und himmelstürmender Verheißung zu überspielen, sondern zu schweigen, den Jasmintee zu kosten – und vielleicht auch ein Gedicht zu lesen oder selbst Blumen zu arrangieren – auf jeden Fall aber ein Stück unseres Selbst einzubringen. Die Techniken der Kunst kann man sich durch Studium und Übung aneignen. Wer aber innere Dimensionen sucht, muß sich selbst einbringen, die eigene Erfahrung, Freude und Leid, Nähe und Ferne, das eigene Sein. Dann kann die äußere Form noch so unscheinbar sein. Ich werde mich selbst neu verstehen und finde ein Stück von mir in diesem Kunstwerk – so wie mir jemand mit der **tasse jasmintee** Offenheit geschenkt hat.

DIE LIEBE

Die liebe
ist eine wilde rose in uns
Sie schlägt ihre wurzeln
in den augen,
wenn sie dem blick des geliebten begegnen
Sie schlägt ihre wurzeln
in den wangen,
wenn sie den hauch des geliebten spüren
Sie schlägt ihre wurzeln
in der haut des armes,
wenn ihn die hand des geliebten berührt
Sie schlägt ihre wurzeln,
wächst wuchert
und eines abends
oder eines morgens
fühlen wir nur:
sie verlangt
raum in uns

Die liebe
ist eine wilde rose in uns,
unerforschbar vom verstand
und ihm nicht untertan
Aber der verstand
ist ein messer in uns

Der verstand
ist ein messer in uns,
zu schneiden der rose
durch hundert zweige
einen himmel

Reiner Kunze

Ikebana-Form: Nageire
Material: Pinus – Kiefer
Rhododendron – Azalee
Gefäß: Keramikvase – Horst Kerstan
BRD 1980
ø 10,3 cm; H 15 cm

DIE LIEBE

Wer unter den lebenden renommierten Literaten wagt es heute noch, ein Liebeslied – etwa in der Art von Else Lasker-Schüler – zu veröffentlichen? Verlöre er nicht schnell den Ruf eines wachen, kritischen Zeitgenossen? In den Bildungsspalten der großen Tages- und Wochenblätter findet man heutzutage fast nur pessimistische, »finstere« Poesie, die oft überhaupt nicht Poesie genannt werden will.

Reiner Kunze schrieb mit 23 Jahren ein Liebeslied, das sogar mit einem »Operettenwort« endet: **himmel.** Doch wohl niemand wird in seinen Zeilen Sentimentalität, Nostalgie oder gar Kitsch finden. Das Gedicht ist wahr und auf erstaunliche Weise zeitgemäß, mag es auch schon vor längerer Zeit verfaßt sein. Es ist ehrlich wie das urtümliche Tongefäß mit dem verwitterten Kiefernast.

Die Tonnenform der Vase (tatsächlich ist sie nur 15 cm hoch) bereitet uns Schwierigkeiten. Man mag vermuten, daß die Vase (Topf, Becher – welches Wort paßt?) in einem keltischen Fürstengrab gefunden wurde. Aber es ist Keramik unserer Zeit, im Tunnelofen mit Holz gebrannt; deutlich hebt sich die rotbraune, dem Feuer abgewandte Seite von den Aschespuren ab, die eine bis zu 1500 Grad erhitzte Flamme auf der Feuerseite zurückließ. Das ergibt den »wilden« Charakter, der jede Verschnörkelung abweist. Auch die Wiederholungen des Liebeslieds sind ja keine Rokokoschnörkel. Das zweimalige Erwähnen der **wilden rose,** das refrainartige **wurzel-schlagen** lenken den Blick zum Wesentlichen. **Liebe** und **verstand** werden nüchtern verglichen, wie es die Philosophie der Scholastik tat:

Liebe als die Kraft der Kommunikation, die von außen als Blickkontakt, Berührung, Händedruck geschenkt wird und eine Brücke nach innen schlägt – bis sie dann **eines abends oder morgens** den Lebensraum findet, in dem sie aufblühen darf. Und der Verstand, als die andere Seelenkraft, schafft diesen Raum.

Es ist wie mit einer Zimmerblume. Der Mensch muß sich um sie kümmern, sie gießen und in die Sonne stellen, ihr die Wärme verschaffen, die sie zum Wachsen braucht – aber wachsen muß sie aus eigener Kraft. Es ist wie mit der Dornenhecke des Gedichts: **der verstand** – ich – muß sie stutzen, um der Knospe Licht und Raum zu schaffen, damit sie sich öffnen kann. Aber sie blüht auf aus eigener Kraft.

Symbolik und Deutung klingen nüchtern; doch in der Bild- und Sprachkraft der Verse gewinnt alles Leben. In meiner Erfahrung klingt es nach: Das **wurzel-schlagen** steigert sich von **begegnen, erspüren, berühren,** bis zum **wuchern,** das dann **raum in uns** verlangt. In einem zweiten Ansatz wird es mit der anderen Geisteskraft, dem **verstand,** konfrontiert. Nüchtern, ja desillusionierend wird dieser als Messer beschrieben. Auch Jesus nennt den Vater einen Weinbauern, der mit dem Winzermesser den Weinstock beschneidet und die unnützen Triebe entfernt.

Doch dann die Helle des Schlußbildes mit dem zugleich nüchternen Ausblick: **durch hundert zweige einen himmel,** freigelegt vom **messer** des **verstandes!**

Nun wird auch das tonnenförmige Gefäß »zugänglicher«. Es spiegelt die Kraft des Feuers: ungebärdig-ungestalt und zugleich formend-gestaltend, wuchernd und wärmend.

Dankbar entdeckt man ringförmige Gravuren und Grashalme – Symbole des Lebens – an der Urgestalt des Gefäßes, das aus dem Urstoff des Tons durch die Urkraft des Feuers geformt wurde.

Man verfolgt dann diesen (zugleich kosmischen wie menschlichen) Streit zwischen Kraft und Form, zwischen dionysisch und apollinisch weiter bis zur bizarren Linie des Kiefernastes und zu den sattgrünen Blättern der Azalee. Ihre weiß-rosa Blüte zeigt, worauf es letztlich ankommt, auf die **liebe.** Alles andere war Wegbereitung – die Mühe des Verstandes, der mit seinem **messer durch hundert zweige einen himmel** geöffnet hat.

BRIEF VON IHR

Ich fuhr mit dem letzten bus vom platz.
Der abend war drückend und trostlos
wie leeres wasser.

Immer hatte ich das gefühl,
ich schwimme durchs offene fenster
und schließe mich den kleinen wolken an am himmel.

Um wenigstens ein bißchen aufzuatmen,
entschloß ich mich, zuvor
aus tiefster seele zu seufzen.

Damit von mir hier etwas laut zurückbleibt.

Jan Skácel

BRIEF VON IHR

Ikebana-Form: Nageire Jiyuka
Material: Leucodendron – Protea
Gerbera – Gerbera
Acer campestre – Feld-Ahorn
Gefäß: Keramikvase – Walburga Külz
BRD 1972
Ø 11 cm; H 31 cm

Der Dialog von Wort und Bild leuchtet diesmal schnell ein: Ein neues Selbstwerden beginnt, oder zumindest eine Tür dorthin tut sich auf. Eine reiche Zeit gegenseitigen Tragens ist vorüber. Das Gedicht beschreibt zwar einen endgültigen Abschied: doch die Zukunft ist nicht verfinstert; ein Türspalt Hoffnung bleibt offen. Das Ikebana schaut schon durch diesen Türspalt in die Zukunft. Daß sein Blick weiter reicht, mag auch am Material liegen: Worte klingen eher nüchtern und melancholisch, Blumen aber stehen leuchtend froh vor uns. Tragik wird durch das menschlichste aller Medien der Kunst, durch das Wort, leichter ausgedrückt, während das, was die Natur uns schenkt, immer schon von ihrer All-Schönheit verklärt ist.

Doch auch über dem Ikebana mit seinem dunklen Hintergrund liegt ein Schatten von Melancholie. Die stahlblaue Vase greift ihn auf. Man muß es sich sagen lassen, daß der schwarze (Ohren-)Schatten hinter ihrer Rundung ein Griff ist; ein zweiter Griff wird von der Lichtführung verdeckt. Diese konzentriert sich auf die aufsteigende gelbe Blume, die von unten her ins volle Licht wächst. Begonnen hat es mit dem Licht im Hintergrund, der dennoch dunkel bleibt. An der Vase steigt das Licht nach oben. Immer heller strahlt es: aus einem Gemütstief zur neuen Zuversicht, aus der Kälte in die Wärme, eine Bewegung der Befreiung und des Neuanfangs.

Alle Pflanzen bringen uns das gleiche durchsichtige Gelb entgegen und stehen im Kontrast zum abendlichen Blau des neuen Beginns. Aus dem nach unten »fließenden« feinen Blattwerk der Protea wachsen herbstliche »sterbende« Blätter des Feldahorns. Darüber aber steigt eine einsame, aber »selbstbewußte« Gerberablüte auf. Ihre Schwester muß im Gewirr der Protea zurückbleiben.

Jetzt vermeint man den **seufzer** zu hören, von dem das Gedicht erzählt: den Seufzer, der befreit, weil er ja sagt zum endgültigen Abschied; er stellt die traumatischen Verdrängungen in die Objektivität des Seufzens hinein: **damit von mir etwas laut zurückbleibt.** Ich darf eine schöne Erinnerung mein eigen sein lassen; ich muß sie nicht wegen des traurigen Endes entwerten und verdrängen!

Im Gedicht verschwimmen zwei Erlebnisse ineinander: der Abschied von ihr, die endgültige Aussprache – geschah es nicht dort, wohin man von der Bushaltestelle blicken kann? – und dann kam dennoch ein Brief von ihr. Das Gedicht spiegelt diese Verwirrung von Tagen und Stunden; und zugleich bringt es durch die Reflexion auch die Reinigung und die Befreiung.

Jedes Bild ist ein gemaltes »Aufatmen«: **leeres wasser** – als stünde ein Glas auf dem Schreibtisch, aus dem man nur trinkt, weil der Arzt es verordnet hat; **offenes fenster** mit **kleinen wolken am himmel** – wer hat nicht schon Wolkenfetzen nachgeschaut, wie sie sich auflösen und verschwimmen; wer hat dabei nicht das zweigesichtige Gefühl von Traurigkeit und Leichtigkeit, von Sehnsucht und Schweben, von Nichtigkeit und Befreiung empfunden?

Der **seufzer aus tiefster seele** wiederholt sich am Schreibtisch! Eigentlich gehört das Wort ins gefühlsselige siebzehnte Jahrhundert. Friedrich von Spee oder Gerhard Tersteegen schrieben damals vom Gebetsseufzer, Herzensseufzer, Liebesseufzer. Wie oft haben wir überheblich darüber gelächelt. »Hier, o Seele, lasse einen Seufzer, und wenn du kannst deren zween.«

Aber gerade ein solches Zitat ermahnt uns und zeigt, wie richtig und modern die Worte des Gedichtes gesetzt sind. Könnten wir doch öfter seufzen! Seufzen vor uns selbst – seufzen vor Gott! Seufzen vor Freude – seufzen aus Schuld! Seufzen mit der Stimme – seufzen durch ein Gedicht! Weil wir es verlernten, brauchen wir Psychotherapie und Sensitivity-Training, brauchen wir eine Urschreitherapie und die Massenhysterie in Sportstadien oder Rock-Konzerten.

Zwei Szenen verschmelzen miteinander: der Abschied, der Händedruck, der Gang über den Platz zum Bus und aus ihm der letzte Blick zurück – und dann der Brief, der dennoch kam und nun auf dem Schreibtisch liegt.

Das Ikebana aber ist schon einen Schritt weiter auf dem Weg der inneren Befreiung; es ist froher und freier. Wie schon damals der Seufzer half, die schmerzliche Erinnerung weder zu unterdrücken noch als Wunde offen schwären zu lassen, sondern sie in der Seele als kostbaren Schatz aufzubewahren, so spiegeln die Blumen dieses Aufatmen noch weit gelöster wider.

DER WEG ZU UNS

Es ist so leicht, den weg zu uns zu finden . . .

Am bach entlang,
auf dem ein federchen schwimmt,
über die kleine mauer klettern,
abkürzen über die tenne,
auf dem steg verweilen,
im rauschen des wehrs
wörter suchen, passend für den schaum,
sie wieder wegwerfen
und gehen,
gehen,
sich für den weg einen stock abschneiden,
die sterne zusammenzählen,
sich verirren im wald,
die finsternis wie eine volle fuhre heu
vor sich hinschieben
und statt der achsen
im traum die vögel stöhnen hören.

Es ist so leicht, den weg zu uns zu finden.

Jan Skácel

Ikebana-Form: Nageire Kombinationsform
Material: Pyrus – Birne
Berberis thunbergii »Atropurpurea« – rote Berberitze/Sauerdorn
Berberis darwinii – grüne Berberitze/Sauerdorn
Gefäß: Keramikvasen – Prof. Sartori Italien 1978
L 27,2 cm; B 10,6 cm; H 29,2 cm
L 16,7 cm; B 6,7 cm; H 22,6 cm

Zunächst möchte ich diese Ikebanagruppierung mit nichts anderem in Beziehung setzen. Warum auch muß man einen »Sinn« für diese beiden Vasen mit den Baumzweigen suchen? Das Bild ist schön in sich, klar, sinnvoll – ähnlich wie manche Bilder abstrakter Malerei. Sie besitzen keinen Titel, brauchen keine Deutung, sind einfach schön aus sich selbst – und jeder Schritt über das hinaus würde ihre Schönheit verstellen. Es gibt Möbel oder Gefäße des täglichen Gebrauchs, die auch von solcher, in sich (aus-)ruhender Schönheit sind.

Und deshalb taste ich einfach die Formen des Ikebana ab: die beiden Vasen, die doch aus nichts anderem bestehen als aus zwei, drei Scheiben mit rechteckigen Füßen. Ihre ein, zwei runden Öffnungen (zu erschließen durch die herauswachsenden Zweige) sind von einer zurückhaltenden Klarheit.

Das Licht modelliert mit feinfühliger, aber sachlicher »Hand« die einfachen Formen noch klarer heraus. Dabei frage ich mich, wie dem Fotokünstler diese Verteilung von Helligkeit und Schatten wohl gelungen sein mag. Der Birnenzweig im Vordergrund, der mir entgegen seine Blüten öffnet, müßte doch in ähnlichem Schatten liegen wie die rote Berberitze im Hintergrund. Über sie hinaus wagt ein Zweig der grünen Berberitze vom Schatten ins Licht zu steigen; die dunklen Knospenköpfchen des aufsteigenden Birnenzweigs im Vordergrund zeigen hingegen, daß ich auf ihre Schattenseite sehe. Der Formenreichtum des Ikebana ist in seiner Einfachheit zugleich so mannigfaltig, daß ich kein Bedürfnis habe, mir noch Gedanken zu machen, die von ihm wegführen: schauen, den Farben und Bewegungen nachspüren – das genügt.

Die beiden Vasen sind aufeinander bezogen, ruhig, sicher, dem Betrachter Zuversicht vermittelnd. Die Äste allerdings laden ihn ein zu einer Bewegung: von rechts unten kreisend im Uhrzeigersinn wieder nach rechts oben. Und jetzt entsteht ein Gespräch. Die hinteren Äste scheinen verschlossen-fragend zu sein, die vorderen aber offen-antwortend. Der aus dem Hintergrund kommende Anstoß dringt nach vorne; auf das Suchen antwortet eine offene Entfaltung. Und die blühenden Birnenzweige strecken sich mir entgegen, nehmen mich hinein in dieses Gespräch.

Es ist so leicht, den weg zu uns zu finden . . . Auch das Gedicht sollte man zuerst für sich lesen und den so leichten Weg **am bach entlang** mit ihm gehen, das **federchen** sehen, unbekümmert die »Abkürzung« nehmen, den schäumenden Wasserwirbeln am Wehr nachschauen – nicht nur Kinder tun das! Jan Skácel versucht Worte dafür zu finden, aber er verwirft sie wieder. Gemeinsam mit ihm gehe ich weiter.

Das Auge wird immer offener für die Natur, und zugleich werden Kindheitserfahrungen wach: wie aufregend war es doch, als wir uns damals (nicht allzuweit weg vom Weg) verirrten! Das volkstümliche Kirchenlied: »Weißt du, wieviel Sternlein stehen?« erklingt; es stellt keine Theologenfrage, sondern weist auf einen Menschen hin, der offen ist und neu erleben kann; es liegt in den Augen des Menschen, der nicht erschrickt, wenn im Traum einmal **die vögel stöhnen – es ist so leicht, den weg zu uns zu finden.** Wer sind eigentlich »wir«, zu denen man so leicht den Weg findet? – Das genau ist die neugierige Frage, die den Weg versperrt und die nicht einmal das **federchen** entdecken läßt. Das ist der Blick auf die Landkarte, der genau die Route abzirkelt, um den rechten Weg zu finden; nur ja keine Abkürzung **über die tenne** – man könnte sich **verirren.**

Allmählich leuchtet mir ein, wie dicht Ikebana und Gedicht nebeneinanderstehen – beide wehren sich gegen zuviel Absicht und Interpretation (ich weiß um die Paradoxie dieser kleinen »interpretierenden« Skizze!) Dieses Abtasten jeder Bewegung, dieses Hinschauen auf jedes Blättchen (sie vielleicht sogar zählen, wie man als Kind die Sterne zu zählen versuchte), dieses Erspüren von Farbe und Licht – das genau (und nicht das Reflektieren darüber) ist der **weg zu uns.**

Und **bei uns** steht kein gewaltiges Denkmal, sondern da sind einfach wir, die einander begegnen.

III. Von der goldenen Glocke

»Wie vollkommen bin ich doch, da ich alles umschließe!«
rief die Kugel.
»Aber ich darf mich beschenken lassen«,
gab die Schale zurück.

ERSTE VARIATION ÜBER DIE POST

Wenn die post
hinters fenster fährt blühn
die eisblumen gelb

Reiner Kunze

ERSTE VARIATION ÜBER DIE POST

Ikebana-Form: Nageire
Material: Conium maculatum – Fleckenschierling
Acacia decurrens »Dealbata« – Falsche Mimose
Rhododendron kiusianum-kaempferi – Hybride »Rex« – Azalee
Gefäß: Travertinvase – Italien 1980
Ø 28,8 cm; B 6 cm

Die Schlichtheit dieses Gedichts machte es mir schwer, einen deutenden Text zu schreiben. Wie liebevoll gesehen, wie genau in Worte gefaßt – ein Postwagen verwandelt für einen Augenblick die Welt. Man weiß von Reiner Kunze, daß er ein Post-Fan ist und daher wohl auch das Gelb liebt. Die drei Zeilen ähneln einem Haiku, der japanischen Dichtungsform mit dem strengen Aufbau. Drei-vier-drei ist die Anordnung der Worte, und deren scheinbare Beliebigkeit führt (bei aller präzisen Eindeutigkeit) ganz nahe an die Wirklichkeit. Der große Bashô, der berühmte Dichter und Mönch Japans (um 1600) hätte seine Freude daran gehabt.

Die helle Travertinvase des Ikebana wurde aus einem Stein herausgearbeitet. Eine tiefe Furche (auf dem Foto nicht zu erkennen) verbindet zwei reliefartige Scheiben. Die schöne Rundung sammelt sich im Gleichklang der kreisförmigen Maserung zur Mitte. Ähnlich sind auch die Pflanzen auf einen Punkt der Vasenperipherie hin gesammelt und verleihen damit dem Ikebana Dynamik (auch die Post fährt ja und bleibt nicht stehen!). Der gespreizte, leicht verschimmelte (wie von Rauhreif überzogene) Fruchtstand des Schierlings erinnert an die breiten Hüte der Damen aus einer Zeit, in der man noch mit Postkutschen fuhr. Und auch die quellenden gelben Mimosen mit dem nach unten sich neigenden Azaleenzweig könnten einen solchen Damenhut schmücken.

Darf es bei diesen Hinweisen bleiben? Mehr Worte könnten den Eindruck zerstören, und ich käme mir vor wie Goethes Eckermann oder wie der Schulmeister, dessen Gedichterläuterungen den Schülern noch die letzte Freude an der Poesie nehmen. Ich ziehe es vor, ein chinesisches Märchen – in etwas abgewandelter Form – zu erzählen.

Es war zu der Zeit, als die Menschen in Frieden lebten. Krieg und Mord waren unbekannte Worte. Jeder ging seiner Arbeit nach und verbeugte sich dreimal am Tag in Richtung der Kaiserstadt, um dem Herrscher für diese glückliche Zeit zu danken. Der aber saß da in Schwermut. Er besaß zwar alles, was er wollte, konnte sich aber über nichts mehr freuen. Die Regierung lag in der Hand zuverlässiger Beamter. Jeden Morgen schaute er vom Frühstückstisch aus dem Gärtner zu, der die Rosen schnitt. »Ach, dürfte auch ich so etwas tun. Doch meine Würde läßt es nicht zu.« Die treuen Beamten versuchten ihn aufzuheitern mit wohlschmeckenden Mahlzeiten, klugen Spielen, mit ausgewählter Musik und Tanz. Gelangweilt winkte der Kaiser ab.

Doch eines Tages entdeckte er im Teller eine Zwiebel: »Welch wunderbares Werk der Schöpfung! Schafft mir den besten Maler herbei«, rief er, »damit er mir eine solche Zwiebel male!«

Die Beamten hatten nichts Eiligeres zu tun. Und der Maler gehorchte: »Ja, Majestät, gebt mir Zeit, dann will ich versuchen, dieses Kunstwerk der Schöpfung auf der Leinwand festzuhalten.«

Doch der Kaiser mußte warten, Monat für Monat. Nichts regte sich, und die Langeweile wollte ihn töten. Nach einem Jahr schickte er den Kanzler zum Atelier des Malers: »Es ist höchste Zeit, daß die Zwiebel endlich fertig wird«. Der Maler aber schüttelte den Kopf: »Nein, die Natur ist so reich, daß ich noch nicht zu Ende gekommen bin mit dem Bild der Zwiebel.«

Das ließ den Kaiser neugierig werden, und freudige Erwartung verkürzte die erneute Wartezeit. Nach einem weiteren Jahr aber wurde es dem Kaiser doch zu lang. Jetzt sandte er seinen General zum Maler. Der nahm eine drohende Haltung an: »Gib mir endlich das Bild!« »Nein, ich kann nicht, es ist noch nicht fertig.«

Wieder mußte sich der Kaiser gedulden. Doch nach weiteren zwölf Monaten machte er sich selbst mit dem gesamten Hofstaat auf: »Bring mir endlich das Bild, sonst bist du des Todes!« Der Maler schickte den Hofstaat weg und führte den Kaiser in einen Nebenraum. Er zog den Vorhang weg von der Leinwand, nahm einen Tuschpinsel, und mit wenigen Strichen malte er auf die leere Fläche eine Zwiebel.

Der Kaiser wurde wütend: »Drei Jahre lang ließest du mich warten auf diese drei Sekunden.« Der Maler aber führte den Kaiser weiter in eine riesige Halle, voll mit Zwiebeln, Mustern, Skizzen, Modellen, Bildern, Büchern usw.: »Das alles mußte ich studieren und üben, um dir mit den wenigen Pinselstrichen die Zwiebel malen zu können.«

DANN

Dann ist öde, still, gerodet
mit den wurzeln
und zu asche ausgebrannt.

Wer das außer uns noch weiß?

Der haufen schnee auf dem platz.
Vielleicht die löwen.

Jan Skácel

DANN

Ikebana-Form: Nageire Jiyuka
Material: Berberis thunbergii –
Berberitze/Sauerdorn
Callistemon citrinus – Zylinderputzer
Amaryllis – Amaryllis
Gefäße: G. + B. Haberland – BRD 1981
L 16 cm; B 11,5 cm; H 25 cm
L 21 cm; B 11 cm; H 11,5 cm

Das Gedicht wirkt bedrückend. Ich sehe vor mir einen großen Platz, wie es ihn in allen Städten und in vielen Dörfern gibt. Benutzt wird er vielleicht einmal im Jahr, wenn der Zirkus kommt oder der Jahrmarkt. Vormals standen dort Bäume, oder ein Kornfeld mit rotem Mohn und blauen Kornblumen (gibt es die eigentlich noch?) wogte über die weite Fläche. Dann wurde er vielleicht Exerzierplatz, auf dem die Soldaten ihre Parade einübten. Alles wurde zertreten. Schließlich blieb nur eine leere, weite Fläche zurück.

Jetzt liegt er da vor mir: schneeige Pfützen erinnern daran, daß Winter ist. Irgendein Wagen der Stadt hat schmutzige Reste von der Schneeräumung auf den Platz ausgeleert. Im graubraunen Lehm ist da und dort noch ein grüner Grasflecken übriggeblieben. Wir stehen irgendwo herum, benommen, von der öden Stille (es gibt eine leere, dumpfe Stille!) eingefangen. Warum eigentlich stehen wir dort?

Die steinernen Löwen dort hinten – welchen Sinn haben sie? Hat man sie abgestellt, weil niemand mehr solche Symbole versteht? Oder diente der Platz früher einem Zweck, den die Löwen repräsentieren? Diese herrschaftlichen Wappentiere erinnern an eine konkrete Situation. Auf vielen Plätzen könnten sie stehen als Erinnerung an eine vergangene monarchische Zeit.

Genaueres kann ich nicht sagen (Jan Skácel, der Dichter, ist Tscheche). Aber die Stimmung kenne ich; und sie findet in mir fruchtbaren (eigentlich müßte ich sagen: unfruchtbaren) Boden. Wir – meint Jan Skácel – wissen von dieser Stimmung; wir und der **haufen schnee auf dem platz** und **vielleicht die löwen.**

Was eigentlich geschieht mit solchem **wissen?** Lebloses und Geistfernes wird dadurch aus dem Vergessen hineingehoben ins Wort, ins Menschliche, ins Menschenwürdige. Wirklichkeit bekommt die Qualität des Gewußten, des Geistigen, des Menschlichen. Rainer Maria Rilke besang dies in seinen »Duineser Elegien« und den »Sonetten an Orpheus«: Es ist der Auftrag des Menschen, der Natur die Qualität des »Angeschauten« und »Gewußten« zu verleihen – nicht um zu beherrschen, sondern um sie zu sehen und sie zu »wissen«.

Die melancholische, niederdrückende Stimmung bleibt. Aber sie verwandelt sich in etwas Menschenwürdiges. So ähnlich ist es auch, wenn der Abschiedsschmerz am Grab eines geliebten Menschen einem das Herz zerreißen möchte: Lasse ich ihn in mein Herz ein, wird er nicht geringer, aber erhält eine Würde, wie sie sich manchmal bei Trauernden findet. Es geht nicht um »Abschaffung« des Schmerzes, sondern um seine Integration, um sein »Menschlichwerden«.

Und **dann?** – Wie geht es weiter? Dem Gedicht geht es nicht um Probleme und Lösungen; es zeichnet eine Atmosphäre. Aber es sollte jeden angehen und ihn aufrütteln (deshalb fehlt auch in der ersten Strophe ein substantivisches Subjekt).

Im Ikebana verdichtet sich die Atmosphäre und damit auch das Fragen. Seine metallisch wirkenden Keramikgefäße erinnern an vergessenes Kriegsmaterial oder an menschenfeindliche Maschinen, drohend, wenn auch durch Ordnung des Ganzen schon gezähmt (durch mein Wissen und Sehen?). Aber die Pflanzen bringen – noch deutlicher – Hoffnung: die rote Amaryllis; die dürren Äste der Berberitze, die ahnen lassen, daß sie im Frühjahr blühen werden; und vor allem die grünen, nach oben und zur Seite zielenden Ästchen des Zylinderputzers – lachen sie nicht sogar? Gibt es nicht noch Hoffnung für die Sinnlosigkeit des »öden« Platzes?

Suchen wir hier keine Antworten, sondern versuchen wir – besser! – mit den Bildern zu träumen. Da kommen Kinder und fangen an zu spielen. Glücklicherweise gibt es keinen Schutzmann und keine zänkischen Nachbarn, die dies verbieten möchten. Die Kinder suchen auf dem Platz Spielmaterial. Mit was allem können sie doch spielen! Der Platz bekommt Leben, weil Menschen da sind, die auf ihm und mit ihm leben. Da entdecken sie **die löwen.** Turnen auf ihnen herum, balgen sich um die Sitzplätze auf ihrem Rücken. Und diese Löwen scheinen zu lächeln; denn jetzt **wissen** auch sie.

GESPRÄCH MIT DER AMSEL

Ich klopfe an bei der amsel
Sie
zuckt zusammen
Du? fragt sie

Ich sage: es ist still

Die bäume
loben die lieder der raupen, sagt sie

Ich sage: . . . der raupen?
Raupen können nicht singen

Das macht nichts, sagt sie,
aber sie sind grün

Reiner Kunze

GESPRÄCH MIT DER AMSEL

Ikebana-Form: Moribana
Material: Iris pseudacorus – Iris
Arum italicum – Aronstab
Helleborus niger »Potters Wheel« – Christrose
Gefäß: Keramikschale – Horst Kerstan
BRD 1974
Ø 23,8 cm; H 7 cm

So sieht die klassische Ikebanaform des Moribana aus: die schlichte Keramikschale mit ihrem Wasser erinnert an einen See; darüber ausgebreitet zwei Blätter des Aronstabes; die Blüte der Christrose bewegt sich vom Beschauer weg in die Tiefe des Bildes; jedem der hochstrebenden Irisblätter kann das Auge folgen – auch dem einen, das nur als Schatten durch ein zweites Blatt hindurch sichtbar wird.

Wie einheitlich ist dieses Grün! Man muß es sich bewußt machen, damit die Erinnerung nicht später etwas Buntes mit sich trägt; denn dieses Grün ist trotz seiner Einheit vielfältig.

Licht und Schatten machen darauf aufmerksam, daß nichts auf diesem Bild symmetrisch geordnet ist. Auch das muß man sich bewußtmachen; denn das Bild ruft in seiner Ausgewogenheit von Form und Farbe Ruhe und Abrundung hervor. Ich habe ein Lineal von Ecke zu Ecke über das Foto gelegt. Erstaunlich, wie genau die Fotografie das »Wesen« des Ikebana erfaßt hat. Die Sinnlinie geht von rechts unten nach links oben. Und diese Bewegung ergreift alles: den abgeflachten Rand der Schale; den Schatten auf der Wasseroberfläche; die Christrose; die drei nach links sich neigenden Irisblätter und besonders die Lichtgebung.

Das Ikebana macht einen stolzen, selbstbewußten Eindruck – wenn man solche Begriffe verwenden darf. Stolz wie das erhobene Schwert eines Samurai – die Blätter der Iris! Selbstbewußt wie ein in Stille versunkener Mönch in der buddhistischen Meditationshalle – das Wasser!

Die grüne Farbgebung schlägt eine Brücke zum Gedicht. Dort ist **grün** das letzte Wort. Oft bildet solch ein letztes Wort zusammen mit dem Titel ein Summarium für das ganze Gedicht. Aber das scheint hier nicht zuzutreffen; denn das **gespräch** des Dichters **mit der amsel** klingt im gegenseitigen Unverständnis disharmonisch. Zuerst das erschrockene Zusammenzucken der Amsel: **Du? fragt sie.** Dann die widersprüchlichen Wahrnehmungen: ist es **still** oder hört man Gesang? Ist das Grünsein der Raupen ihr Singen, wie die Amsel in paradoxer Unlogik zu hören und zu sehen scheint? Wahrnehmung und Wirklichkeit gehen durcheinander. Was stimmt eigentlich?

Ob die Amsel Bescheid weiß? **Sie zuckt zusammen,** wie wir, wenn wir über ein schlimmes Geheimnis nachdenken. Und dies Geheimnis lautet: **die bäume loben die lieder der raupen;** die gleichen Bäume, deren Blätter – ihre Lebens- und Lichtquellen – von diesen Raupen gefressen werden. Sind sie denn so wirklichkeitsfremd, daß sie ihren Totengräbern ein Loblied singen? Sind wir so borniert, daß wir Loblieder auf unseren Weg ins Verderben singen?

Und wir merken es nicht einmal, daß wir singen: **Raupen können nicht singen!** Technik ist doch harmlos und kein Lobgesang auf irgendetwas! Menschliche Sorge füreinander ist hinderlich, wenn der Wettbewerb Motor des Fortschritts sein soll! Man möge Sentimentalitäten aus dem Geschäft herauslassen und in die gute Stube tun! So ähnlich klingt unser Gesang auf unsere Totengräber – es gibt deren viele.

Allmählich beginne ich zu ahnen, worum es geht. Die letzte Feststellung der weisen Amsel ist vernichtend: Sie loben ihre Totengräber, weil **sie grün sind!** Weil eine äußerliche Farbe die gleiche ist; weil ein äußerer Erfolg winkt; weil die Tagesvorläufigkeit Übereinstimmung vorspiegelt, während in Wirklichkeit die Freßgier der Raupen schon den Untergang der Bäume ankündigt. Die Amsel ist keine kluge Eule von Athen, die aus der Weisheit der Wirklichkeit schöpft, sondern eine schweigende Kassandra von Troja, die am kommenden Unheil leidet.

Wir sollten uns aber hüten, das in diesem Gedicht verwendete Bild in die Eindeutigkeit von Politik, Wirtschaft und Gesellschaft hineinzuzerren. Wenn ich nicht selbst – ich, der ich zur Amsel gehe – betroffen werde, weil ich blind bin gegenüber der eigenen Fahrt ins Verderben, habe ich an den Versen vorbeigehört.

Jetzt beginnt das Ikebana neu zu sprechen; sein Stolz, seine Schönheit, seine grüne Farbe. Rainer Maria Rilke rief sich vor einer antiken Statue zu: »Du mußt dein Leben ändern!«

DIE SCHLEHE

Mit ihrem schwarzen leib erweckte sie
den ganzen winter durst,
dann doch erklang mit einemmal ein ton,
zersprang etwas, und da – wie eines jungen gottes zorn –
traten aus dem bittren dorn
ans licht die blüten.

Und fragt mich nicht, vielleicht erzählen euch die bienen
von der goldnen glocke,
die den baum umtönt,
von dem geheimnis, das so wunderbar
in wunderbaren weißen grotten war,
von jeder blüte, die ihn krönt.

Nein, mich fragt nicht, nichts weiß ich und nichts sage ich,
nur dies, es blitzte auf,
und da – wie eines jungen gottes zorn –
traten aus dem bittren dorn
ans licht die blüten – die schlehe blühte auf.

Jan Skácel

DIE SCHLEHE

Ikebana-Form: Nageire
Material: Prunus spinosa – Schlehe
Larix – Lärche
Gefäß: Bronze-Weihrauchständer – Indien (?) 19. Jh.
Ø 4,6 cm; H 11,2 cm

Wiederum eine klassische Ikebanaform, die des Nageire. Das Ikebana selbst ist auf die letzte Einfachheit reduziert: ein kostbares indisches Bronzegefäß (wohl ein alter Weihrauchständer); der gekrümmte Ast einer Schlehe mit einem blütenreichen Seitenast und ein winziges Zweiglein vom Lärchenbaum. Am besten nimmt man ein Metermaß zur Hand und vergleicht: gerade 11,2 Zentimeter ist die Vase hoch!

Dazu, im Gegensatz, das Gedicht mit heroischen Anklängen. Schon der Rhythmus erinnert an Friedrich Hölderlin, den manche für den größten unter den großen deutschen Dichtern halten. Man lese die Verse nur einmal laut, rhythmisch skandierend. Dann entdeckt man, daß sie überdies verbunden sind durch Endreime, die bedeutungsschwer das Gedicht durchgliedern: **dorn-zorn, wunderbar-war, auf-auf, umtönt-krönt.** Stabreime beherrschen die wichtigen Verse und beginnen zu klingen: g und w in **von dem geheimnis, das so wunderbar/in wunderbaren weißen grotten war.**

Und erst die Aussage des Gedichtes: Das Aufblühen der Schlehe wird beschrieben wie die Geburt der Pallas Athene, die als männergleiche, mit physischer Kraft und geistiger Energie begabte Jungfrau in voller Waffenrüstung dem Haupte ihres Vaters Zeus entsprang, als der Schmiedegott Hephaistos den Göttervater durch einen Hammerschlag auf die Stirn vom Kopfschmerz zu befreien suchte: **und da – wie eines jungen gottes zorn – traten aus dem bittren dorn ans licht die blüten – die schlehe blühte auf.** Man sollte diese mythologischen Verbindungen nicht belächeln. In ihnen liegt die Wahrheit einer alten Glaubenswelt, die auf uns vielleicht fremde Weise Wirklichkeit zu erfassen sucht. Hölderlin hat recht, wenn er die Entwurzelung seiner Zeit mit dem Verlust dieser »Götter«, dieser Grunderfahrungen von Natur, in Verbindung bringt. Wie sehr hat doch die sogenannte »Entmythologisierung« und »Profanisierung« der menschlichen Sensibilität und Naturnähe geschadet!

Fast möchte man sagen: Das Gedicht entwirft eine neue »Mythologie« (dies im besten Sinn des Wortes). Das Heroische des Olymps wird in der zweiten Strophe im schönen Bild des Bienenschwarms neu gesehen. Wie eine goldene Glocke umschwärmt er summend den Baum. Die Bienen sind es ja, die in die **weiße grotte** einer **jeden blüte,** in ihr **geheimnis,** eindringen und den berauschenden Nektar trinken.

Auf den ersten Blick scheint das Wort der Dichtung positiver zu sein als das Foto, obgleich auch dort das Ikebana regelrecht gefeiert wird. Das mag daran liegen, daß die Verse sich hineinbergen in mythologische Bilder, während das Ikebana sich karg und nüchtern darbietet: im Vordergrund schemenhaft einige Schlehenzweige, die wie blind dastehen, als sich wiederholende Linien – das Gedicht spricht von **ihrem schwarzen leib,** der einen **ganzen winter durst** litt.

Doch dann **blitzt** es auf, **ein ton,** wie **zerspringende** Fesseln, erklingt. Und **aus dem bittren dorn** treten **ans licht die blüten –** diese beiden Verse werden im Gedicht wiederholt. Und das Foto zeigt es uns. Es ist das winzige Ikebana, das vor uns steht wie der **junge gott,** von dem Jan Skácel ähnlich wie Friedrich Hölderlin singt.

Und wir! Wir müssen verstummen: **Nein, mich frag nicht, nichts weiß ich und nichts sage ich, nur dies, es blitzte auf.** Viermal bringt die eine Zeile eine Verneinung: nein, nicht, nichts, nichts! Das ist zugleich explosiv und ehrfürchtig.

Wir wollen zuviel wissen, zuviel beherrschen – und können deshalb nicht mehr staunen vor der so winzigen, aber das Ganze in sich tragenden Schlehe. Wir zerstören das Geheimnis, weil wir der **goldenen glocke** der Bienen analysierend auf die Spur kommen wollen.

Doch auch solche kritischen Gedanken sollten wir beiseite schieben – wie die blütenlosen, schemenhaften Schlehenäste im Vordergrund des Fotos beiseite gerückt sind – und einfach hinschauen auf das Geheimnis, das überall sich uns anbietet. Wie schön ist doch eine blühende Schlehe!

DAS ENDE DER KUNST

Du darfst nicht, sagte die eule zum auerhahn,
du darfst nicht die sonne besingen
Die sonne ist nicht wichtig

Der auerhahn nahm
die sonne aus seinem gedicht

Du bist ein künstler,
sagte die eule zum auerhahn

Und es war schön finster

Reiner Kunze

Ikebana-Form: Moribana
Material: Sagittaria – Pfeilkraut
Cichorium intybus – Gemeine Wegwarte
Astrantia major – Sterndolde
Gefäß: Porzellanschale – China 19. Jh.
ø 9,6 cm; H 6,5 cm (mit Holzuntersatz)

DAS ENDE DER KUNST

Die Überschrift ist der Schlüssel zum Gedicht. Seine vier Strophen (immer knapper, eindeutiger werdend) leuchten aber von sich aus ein. Ich kann es mir daher nicht verkneifen, sie einmal in prosaische Sprache zu übertragen – wobei ich natürlich weiß, daß ich damit eine »terrible simplification«, eine schlimme Vereinfachung, begehe:

DAS ENDE DER KUNST
Du darfst nicht, sagte der Kunstkritiker zum Künstler, du darfst nicht Natur und Schönheit, das Gute, besingen. Das, was dem Menschen Freude macht, ist nicht wichtig. Der Künstler schrieb seitdem negativ, zersetzend, intellektuell. Du bist jetzt modern und gegenwartsbewußt, sagte der Kritiker zum Künstler.
Und es war schön finster.

Die letzte Zeile mußte nicht verändert werden. Das **schön finster** scheint aus einer unpoetischen Alltagssprache zu stammen; doch man erkennt unmittelbar die Schärfe, die in dieser Paradoxie der »schönen Finsternis« liegt: Auch die Eule (der Kunstkritiker) ist ja zugleich Nacht- wie Weisheitsvogel. Die Übertragung ins Poetische nimmt dem Gedankengang etwas von seiner (sonst bei Reiner Kunze seltenen) Bitterkeit.

Reiner Kunze würde daher auch der Simplifikation seines Gedichtes nicht zustimmen. Seine Verse sind nicht gegen die eine Gruppe und für eine andere geschrieben; sie sind zuerst an ihn selbst gerichtet – es ist ja die schlimme Versuchung für einen Schriftsteller, bitter und abweisend zu reagieren, wenn seine Worte nicht gehört werden;

sich zurückzuziehen in einen Schmollwinkel, wenn man ihn nicht versteht; einzustimmen in den Chor der vielen, wenn er merkt, daß nicht zarte Farbgebung, sondern grelle Töne gefragt sind. Aber dann würde es **schön finster.**

Ob man das Ikebana auf seinem dunklen Hintergrund »schön finster« nennen darf? Nach der sarkastischen Schlußzeile des Gedichtes sicher nicht mehr; denn die Dunkelheit des Fotos ist wirklich »schön« – im Sinne der »Sonne«, von der das Gedicht spricht. Aber sie ist »schön« geworden durch das Ikebana, das im Licht steht: eine kleine, alte chinesische Schale ruht auf einem Holzuntersatz, dessen reiche Schnitzereien man noch ahnt. Sie trägt die Blätter der Sterndolde, die zwei zartblauen Blüten der Wegwarte und schickt den Blütenkranz des Pfeilkrauts zum Himmel.

Ist dieses Bild nicht zu schön für unsere zerrissene Welt? Zu optimistisch? Zu positiv? Man muß zugeben, daß es diese harmlose oder gar falsche »Kunst« gibt, die wie Schminke auf zerfurchten Gesichtern liegt und damit die dem Alter eigene Schönheit zunichte macht. Doch man prüfe das Ikebana daraufhin: Ist es ehrlich? Verstellt oder enthüllt es Wirklichkeit?

Doch die Gegenfrage lautet: Kann etwas überhaupt »zu« schön sein? Doch nur für den (die Eule im Gedicht), der »Schönheit« (die Sonne des Gedichtes) als unzeitgemäß ablehnt. Die Harmonie und Spannung zwischen Dunkelheit (nicht Finsternis) und Helle (die nicht grell ist), zwischen Natur und Kultur, zwischen dem Ikebana-Kunstwerk und der fotografischen Meisterschaft, die Harmonie und Spannung zwischen dem Bild und mir, sollte eigentlich dem skeptischen Fragen: »Darf man heute noch Schönes dichten?« ein Ende setzen.

Dagegen wäre ein anderes Fragen wichtig: Wie steht es mit mir selbst? Das Wort »schön« ist ja nur ein Schlüsselwort für vieles andere: für meinen Blick auf das Gute im Menschen; für meine Bescheidung mit dem, was mir an Richtigem/Wichtigem geschenkt ist (statt Luftschlösser zu bauen); für mein Stehenbleiben-Können, wenn mir »Schönes« begegnet (wieviele jagen nur Sensationen nach). Schönheit liegt tiefer als die Schminke eines satten Wohlbefindens.

Wahrscheinlich liegt auch das hinter der Warnung der Eule (des Kunstkritikers), daß man nicht im Ästhetischen hängenbleibt, sondern sich im Innersten berühren läßt. Ganz unrecht hat sie nicht. Und vielleicht darf man die Eule sogar fragen, ob nicht die finstere Nacht ihr Lebensraum und damit auch ihre Schönheit ist.

Hier aber muß sich der Schreiber dieser Zeilen zurückziehen und es der Meditation des Lesers und Betrachters überlassen, wie es weitergeht. Gespräche mit Kunstwerken sollten stets dorthin führen, wo jemand er selbst ist und kein anderer eindringen darf.

IV: Ein Fingerhut voll

»Mutter, wenn ich groß bin, kaufe ich dir die Welt«,
rief der Kleine.
Sie aber schaute ihn liebevoll an.

WIE MAN EINSCHLAFEN KANN

Dein kissen ist weiß-blau gewürfelt:
ein würfel wolke ein würfel himmel
Und wenn du die augen schließt,
ist es ein schimmel

Und wenn du ihn fest um den hals faßt
und schmiegst dich an sein fell
und wartest bis ein traum kommt –
trägt er dich von der stell

Reiner Kunze

Ikebana-Form: Moribana – Kombinationsform
Material: Caltha palustris – Sumpfdotterblume
Gefäße: Haushaltssieb – Österreich ca. 1920
∅ 21,7 cm; H 11 cm
Körbchen – Japan ca. 1980
∅ 3,1 cm; H 12,2 cm + ∅ 4 cm, H 2,8 cm

Es ist ein Wiegenlied, das sich auch in der Sprache dem Kindhaften angepaßt hat (so mit dem apostrophlosen Reimwort: **stell**). Das **weiß-blau** der Kissen erinnert uns an Bayern, das Land, in dem Reiner Kunze jetzt wohnt und dessen Menschen er lieben gelernt hat (geschrieben wurde es allerdings schon früher, Anfang der 60er Jahre). Auch der Schimmel gehört in ein Kinderlied – im Vierergespann vor der Brautkutsche oder wie hier als Pferdchen, das in den Traum hineinreitet.

Wer genau hinhört, wird aber schon im Rhythmus der beiden Strophen entdecken, daß sie – ohne die schlichte Form zu sprengen – mehr besagen als nur ein Wiegenlied (aber vielleicht sind alle Wiegenlieder von dieser Art): die Verse fließen nicht einfach dahin; sie zwingen zum Innehalten. Und schon die Überschrift zeigt, daß in mir, dem Leser, mehr geweckt werden soll als nur »Eia popeia«.

Auch Reiner Kunze spinnt nicht eine phantastische »Unendliche Geschichte« aus dem Traum des Kindes heraus (auch bei Michael Ende spielt der Schimmel eine wichtige Rolle). Kunze bleibt beim Bettchen stehen; er erzählt weder phantastische Träume, noch stellt er politische Überlegungen an. Er spricht mit seinem Kind – und das genügt; darin liegt alles, liegt sogar der aufrüttelnde Protest, der sich in Bertolt Brechts Wiegenliedern findet.

Das Ikebana, das aus dem Dialog mit dem Gedicht entstanden ist, wurde viel bewußter aufgebaut. Gewiß, das große Sieb, das über die Brücke seines Schattens zu rollen scheint, ist ein schlichter Haushaltsgegenstand. Aber die beiden

Arrangements der Sumpfdotterblumen in den winzigen Gefäßen symbolisieren recht deutlich Wirklichkeit und Traum; Wirklichkeit im Schatten auf der Seite des Betrachters – Traum im hellen Licht hinter dem Netzwerk des Siebs. Der »Traum« ist lebendiger als die »Wirklichkeit«; nur ein umgefallenes Körbchen (und ein winziger Zipfel vom Blatt der Sumpfdotterblume) baut einen Steg zur Wirklichkeit. Kunstvoller Bestandteil des Arrangements sind Licht und Schatten. Wie mag es wohl gelungen sein, einen Hintergrund zu schaffen, der ohne Eigengestalt einfach »da« ist und mir, dem Betrachter, weißes Licht entgegenschickt? Lange kann man dem Spiel von Hell und Dunkel zuschauen.

Ist dieses »Schauen« nicht etwas Ähnliches wie das Lauschen des Kindes, dem die Mutter das Wiegenlied vom Schimmel singt? Dem weißblauen Spiel der Wolken am Himmel zuschauen; auf den Galopp des Schimmels hören, dessen Hufe im rhythmischen Takt den Boden berühren, bis er sich schließlich vom Boden in die Lüfte erhebt wie Pegasus, das geflügelte Pferd der Dichter. Und dann wieder hinschauen auf das Gespräch zwischen der »Wach«-Blume und der »Traum«-Blume – durch ein geheimnisvolles Netz hindurch.

Die Psychologie spricht viel von Selbstwerden, Sich-Finden, Sich-Annehmen. Manche ihrer Anweisungen erscheinen krampfhaft, so als müßten sie etwas erzwingen. In Meditationsanleitungen preist man oft Formen von asketischer Konzentration und Fastenübungen an. Ob ein solches Wiegenlied, zusammen mit einigen Sumpfdotterblumen kunstvoll um ein Küchensieb angeordnet, dem Menschen nicht auch helfen kann? Doch es geht nicht um Kritik, sondern einfach um Hinschauen und Hinhören. Am besten täte ich dem Kinde gleich, schmiegte mich in mein Kopfkissen hinein und ließe Bilder der Vergangenheit, Bilder der Zukunft in mir wach werden. Vielleicht würden die Alpträume der Nacht weniger drückend. Vielleicht wäre mein Aufwachen am Morgen froher.

Das klingt naiv (wie ein Wiegenlied); und ich weiß auch nicht, ob es mir gelingen wird. Aber ich erinnere mich, daß die geistlichen Meister des Christentums (von den Wüstenvätern bis zu Ignatius von Loyola und über ihn hinaus) so etwas empfehlen, damit meine Träume heller seien und mein Wachsein gelöster.

Es waren weise Frauen und Männer. Sollte man ihren Ratschlag (und den Reiner Kunzes) nicht einmal ausprobieren?

KLEINE BAHNHÖFE

Gegenden gibt's, da winken die kinder den zügen noch.

Immer ist in uns ein hauch von traurigkeit
auf kleinen bahnhöfen,
wo niemand wartet.

Plötzlich haben wir die weiße seele des holunderbaums,
plötzlich ist in uns zuviel vom menschen.

Jan Skácel

KLEINE BAHNHÖFE

Ikebana-Form: Nageire
Material: Myosotis – Vergißmeinnicht
Epimedium – Elfenblume
Caltha palustris – Sumpfdotterblume
Gefäß: Glasvase – Ehepaar Hora
CSSR/BRD 1978
∅ 3,9 cm; H 4,2 cm

Meine Erfahrungen sind etwas anders als die von Jan Skácel; nicht so traurig, so weltflüchtig. Kinder winken auch heute noch gerne. Jeder Autofahrer kennt es. Ich denke an einen Autobahnstau, der mir für fast eine halbe Stunde ein intensives »Winkgespräch« mit einem kleinen Jungen schenkte: beim Nebeneinanderfahren, beim Überholtwerden und natürlich besonders, wenn er wieder einmal einige Meter an mir vorbeifahren durfte. Kinder haben immer schon gewinkt und werden wohl auch immer winken – ganz gleich, was die Technik noch bringen wird.

Auch das Ikebana stimmt hoffnungsfroher als das Gedicht. Hier sollte man wiederum zuerst realisieren, daß die 4,2 Zentimeter hohe Vase nur ungefähr zwei Glieder des kleinen Fingers ausmacht. Ich kann mir denken, daß der Künstler beim Entwerfen gelächelt hat, als er den Betrachter mit der »Größe« dieses »kleinen« Kunstwerks bewußt ein wenig hinters Licht führte; wie er den gelben Blütenstand der Sumpfdotterblume aus ihren großen Blättern herauslöste (denn die volle Blume war viel zu groß) und mit den Blüten und Knospen des Vergißmeinnichts zusammen in das winzige Väslein hineinpraktizierte – ein harter Zugriff und das zerbrechliche Glas wäre zu Scherben zerfallen. Auch die vier Blätter der Elfenblume mußten so in das Arrangement eingefügt werden, daß man ihr Schwingen nach rechts hinaus erspüren kann – eine Bewegung, auf die der Blütenstiel des Vergißmeinnichts auf der anderen Seite antwortet.

Das so einfach scheinende Ikebana erforderte ein sensibles Auge und vorsichtige Fingerfertigkeit. Wie genau sind die Farben aufeinander abgestimmt: die blauen Streifen des Väsleins, das Gelb der Sumpfdotterblume, das zarte, fast durchsichtige Violett des Vergißmeinnichts und das Grün! Im Weiß des Gefäßes scheinen all diese Farben gesammelt zu sein. Man versteht, warum die Lichtgebung mit dem angedeuteten Schatten so vorsichtig, so zurückhaltend ist. Hartes Scheinwerferlicht hätte das zarte Bild der Vase mit ihren Blumen zerstört.

Während ich diesen Text zu formulieren versuche, wird mir bewußt, daß mein Autoerlebnis beim Stau auf einer anderen Ebene liegt als das, was Jan Skácel bedauert (obgleich diese menschlichen Erlebnisse inmitten der Technik froh stimmen). Er sucht die Stille des Einsiedlers, wie ihn Ludwig Richter gemalt hat. Nicht die Einsamkeit der Großstadt, wie wir sie alle kennen, sondern die Einsamkeit der Natur mit all ihren Pflanzen und Tieren und auch Kindern (wenn sie vorbeikommen); so etwas stört die Sammlung des Einsiedlers nicht; sondern im Gegenteil, es verdichtet sie.

Auffällig ist, daß Skácel seine Sehnsucht auf **kleine bahnhöfe** verlegt, an denen kein Zug mehr hält – eine Kindheitserinnerung. Der letzte Vers bringt die Erfahrung genau ins Wort: **Plötzlich** – so beginnt in der Mystik das große Gotteserlebnis – **die weiße seele eines holunderbaums;** wenn man seine graubraunen Äste schält, findet man im Inneren zartes weißes Mark; und **plötzlich ist in uns zuviel vom menschen!** Ach, die Hast und die Rauheit des alltäglichen Lebens! Könnten wir sie ablegen, uns verlieren in diesen kleinen Rhythmus, den das Ikebana so liebenswert widerspiegelt! Wir schauen das Vergißmeinnicht an, das in uns Kindheitserinnerungen wachruft; Sensationen werden unwichtig.

Daß aber diese Entdeckung des **zuviel vom menschen** in uns durch das mystische Wort **plötzlich** eingeführt wird, soll uns davor warnen, die Erfahrung des Dichters zu gering zu bewerten. In der (echten!) Mystik geben die kleinen Erfahrungen des Alltags dem Erfahrenden Gewißheit von der Gültigkeit »großer« Erfahrungen. Wenn Teresa von Avila als eine von den vielen Weisen verschiedener Zeiten und Kulturen um ihr Urteil über eine Gotteserfahrung gebeten wurde, schaute sie zuerst in den Alltag des Erfahrenden. Dort fand sie die Maßstäbe für Echtheit oder Falschheit dessen, was ihr als »Mystik« vorgelegt wurde.

Ob Jan Skácel sich bewußt ist, daß er der christlichen Gottesmystik nähersteht als viele von denen, die heute die Worte von Mystik, Gotteserfahrung, Satori, Samadhi, Bewußtseinserweiterung usw. im Munde führen?

KINDERZEICHNUNG

Du hattest ein viereck gemalt,
darüber ein dreieck,
darauf (an die seite) zwei striche mit rauch –
fertig war
DAS HAUS

Man glaubt gar nicht,
was man alles
nicht braucht

Reiner Kunze

Ikebana-Form: Moribana
Material: Erodium – Geierschnabel
Gefäß: Porzellanschale – Wilhelm Kuch
BRD 1976
∅ 7 cm; H 3,3 cm

Die Porzellanschale dieses Blumenarrangements ist noch winziger als die Vase, die bei **kleine bahnhöfe** verwendet wurde, etwas über drei Zentimeter hoch. Aber zusammen mit der wenig bekannten Pflanze, dem Geierschnabel, erweckt sie den Eindruck eines – poetisch gesagt – selbstbewußten Ruhens in sich; nicht so zerbrechlich wie bei **kleine bahnhöfe.** Daher kann auch das Licht kräftiger auf sie fallen. Die künstlerische Form eines Moribana gibt ihm eine abgerundete, wenn auch dynamische Geschlossenheit (und keine himmelstürmende Dynamik wie bei der wohl bekanntesten und ältesten Ikebanaforn, dem Rikka).

Das Gedicht ist von ähnlich klarer Ruhe. Reiner Kunze erzählt ein Erlebnis mit seinem Kind: Alle wichtigen Dinge sind einfach, sind selbstverständlich. Man muß sie erlebt haben, um über ihre Wahrheit zu staunen: **Man glaubt gar nicht, was man alles nicht braucht.**

Die einfache Klarheit beider Kunstwerke macht – gerade wegen ihrer formalen und inhaltlichen Übereinstimmung – den Unterschied von Wort und Bild, also auch von Hören und Sehen, und dann weiter von Verstehen und Bewundern sichtbar.

Das Gedicht ist überaus plastisch. Man sieht das Kind förmlich auf dem Bauch liegen und malen. Ein großes Papier liegt vor ihm, und ein kräftiger Stift dient ihm als Malwerkzeug. Nach der »Arbeit« steht es auf und überreicht das fertige Kunstwerk stolz dem Vater am Schreibtisch.

Worte bringen eine Art von Eindeutigkeit, von Festlegung mit sich. Worte oder auch die

Gesten, die sich wort-haft mitteilen, drücken aus: Ja, so ist es! Wahrheit! Treue! Richtung! Anfang und Ende! Selbst die Frage und der Zweifel haben etwas von dieser Eindeutigkeit an sich; sie stellen die Person des Fragenden und des Zweifelnden eindeutig in den Raum. Es ist ein Zeichen der kindlichen Selbstwerdung, wenn es zum erstenmal Worte mit der ihnen innewohnenden Klarheit ausspricht oder eine deutlich umrissene Zeichnung fertigstellt. Aus dem Wort fließen daher auch Aufruf, Anforderung, Anwendung, Vertrag usw. – ganz gleich, ob es sich um ein hörbares oder ein sichtbares »Wort« (etwa mit der Geste des Handschlags) handelt.

Anders das Bild – vorausgesetzt, es ist von wirklichem Symbolwert und echter Bildhaftigkeit (es gibt ja auch Bilder – Embleme, Allegorien –, die eher zur Kategorie des Wortes gehören). Ein Bild, das seinen Namen verdient, »sagt« etwas Nichtfestlegbares aus, etwas Konkretes, das in keiner Definition aufgeht, das die Klarheit des Wortes überschreitet. Bilder kann man – oft ohne jede Willkür – verschieden (in Nuancen oder auch grundsätzlich) deuten. Es ist wie mit den Ur-Symbolen, die für Differierendes stehen: Der Baum bedeutet Leben, aber als Kreuz auch Tod; er kann Wachstum besagen oder auch die tragende Kraft einer Säule darstellen und noch manches mehr.

Man vergleiche daraufhin das Gedicht und das Bild: Beide sind poetisch, künstlerisch. Und doch! Das Bild gibt den acht Zeilen des Gedichts gleichsam Farbe, während umgekehrt die Verse – wie das Haus aus Strichen – zur Eindeutigkeit hinführen. Vor der Rundung des Schälchens, dem Wasserspiegel und der wie eine Südseeinsel aufsteigenden Pflanze kann ich träumen, kann ich mich, alles andere vergessend, in mich zurückziehen. Nehme ich aber die überaus bildhaften Verse in mich auf, so fühle ich den Aufruf zu einer Art Bekehrung: Bist du noch immer zu aufwendig in deinem Leben? Hast du immer noch nicht die Einfachheit des Seins gefunden?

Man darf solche Analysen nicht dogmatisch nehmen. Alle wirkliche Kunst trägt solch einen Aufruf in sich. Jeder Künstler – mag es auch anders erscheinen – hat etwas von einem Moralisten an sich. Und jedes dichterische Wort lebt aus der Kraft der Bilder, aus der Fülle des Sichtbaren und Erlebten. Und man müßte zu jedem Teil dieses Buches die entsprechende Musik hören und ihn durch passende Tanzbewegungen »verleiblichen«, um alles »ganz« zu erleben.

Aus der Weise, wie sich bei der **kinderzeichnung** Wort und Bild, Gedicht und Ikebana ergänzen und befruchten, kann man erspüren, daß (und wie) die unterschiedlichen künstlerischen Medien immer neue Seiten menschlicher Erfahrung ansprechen.

Und ein Buch wie dieses möchte einen Weg eröffnen in diesen Dialog von Wort und Bild.

SONETT AUF DEN MOND UND DEN MENSCHEN

Eines längst vergangnen abends dachte ich,
das leben sei ein großer kirschgarten,
ein garten voller flieder,
ich ging an einem verrosteten gitter entlang,

still war's, abend war's,
das dunkel blaute in den venen,
und eine alte frau scheuchte eine gans,
möglich, daß es ein schwan war,

vielleicht der weiße vollmond, vielleicht ein apfel
vom verbotenen baum der erkenntnis,
ich hörte gesang

und kletterte über den zaun, und deshalb weiß ich heute,
durch welch strahlende fernen,
o mond,
zu dir drang: Siehe, der mensch!

SONETT AUF DEN MOND UND DEN MENSCHEN

Ikebana-Form: Nageire
Material: Acer – Ahorn
Cydonia japonica – Zierquitte
Caltha palustris – Sumpfdotterblume
Gefäß: Porzellanvase – Uta Feyl/Rosenthal
BRD 1983
L 10 cm; B 7,5 cm; H 8 cm

Eine dichterische Aussage berührt stets auch das Religiöse, das Transzendente – je poetischer, desto tiefer reicht sie; natürlich nicht im Sinne einer Dogmatik, einer Lehraussage, aber auf der Ebene der Erfahrung des »homo religiosus«, des Menschen, der in seiner Mitte die Sehnsucht nach »mehr« trägt. Dies kann sich verschieden artikulieren. Aber es wird ins Wort hineinfinden, wenn sich der Mensch nur von seiner Mitte her ausspricht.

So auch in unserem Sonett, das die klassische Form von vier-vier-(vier)-drei-drei mit den letzten Zeilen bewußt durchbricht: **o mond,/ zu dir drang: Siehe der mensch!** »Ecce homo!« Wer bist du – wer bin ich – o Mensch?

Jan Skácel läßt die Dinge der konkreten Welt sich durchdringen mit dem inneren Gespür für ein »Mehr«. Man kann die Einzelaussagen nicht sortieren – hier empirische Erfahrung und dort religiöses Empfinden! Irgendwie (das unbestimmte Wort steht hier mit Recht; der Dichter nennt es **möglich, vielleicht**) ist eine Paradieses- und Sündenfall-Situation gezeichnet: Garten, Baum der Erkenntnis, Sirenen- oder Engelgesang, Versuchung. Jedes Wort kann verstanden werden auf ein normales, alltägliches Erleben oder auf ein metaphysisches Urgefühl hin: **vergangen, leben, still;** die **venen** als pulsierendes Gefühl. Man wird die Verse nur verstehen, wenn man sich in diese nicht aufzulösende Einheit von religiösem Gefühl und konkreter Empirie hineinbegibt: die **gans,** die vielleicht ein **schwan** ist und **gescheucht** wird. Die »Dunkelheit« läßt es nicht genau erkennen, aber in meinem Inneren tauchen Märchen- und Sagenbilder auf vom königlichen Vogel, der

Lohengrin in weite **strahlende fernen** entführt. Ein jeder wird auf sein eigenes Erleben und Erfühlen verwiesen.

Nur das Bild des Mondes, des bevorzugten Gestirns der alten Mythologien und der romantischen Kunst von Novalis und Caspar David Friedrich sollte jeden berühren. Skácel wagt es – gegen die vielen, die, modern sein wollend, von Gefühlsduselei sprechen –, die menschliche Urerfahrung von der Nacht »an«-zudichten (jede Nacht ist zwielichtig: unheimlich oder bergend). Und wir müssen uns hüten, diese Erfahrung durch unsere Vernunft zu zergliedern und aufzulösen. Wir sind aufgefordert, die Bilder nachzuerleben, nachzuempfinden.

Das Ikebana versucht es auf seine Weise. Die »versucherische« Situation ist in ihm allerdings kaum noch zu entdecken; dafür aber die beglückende Klarheit einer Mondnacht. Aus dem Dunkel löst sich das Helle und wirft ein zartes Spiegelbild ins Dunkel hinein. Aus der Helle steigen Leben und »Bewußtheit« nach oben (ein Ahornzweig), und einige Quittenblüten künden zusammen mit dem stillen Blatt der Sumpfdotterblume, daß uns die Wirklichkeit der Schöpfung anschaut.

Dem Betrachter des Bildes, dem durch das Gedicht eine neue Weite geöffnet ist, drängen sich religiöse, feierliche, wenn nicht gar hymnische Worte auf. Doch es wäre verfehlt, den nüchternen Boden der Erfahrung zu verlassen. Es geht in Gedicht und Bild um das, was jeder Mensch ahnen könnte, ließe er sein Inneres nicht verschütten durch die Geschäftigkeit des Alltags und den Leistungstrieb des Ehrgeizes. Keine »nur schönen« Worte lehrt Skácel, sondern Wirklichkeit; keine Schwärmerei sollten wir im Bild suchen, sondern die nüchterne und nach klaren Regeln strukturierte Kunst des Ikebana und der Fotografie. Wenn man diese Kunstwerke nachvollziehen will, muß man sich daher auch an diesen Regeln (wie an dem **verrosteten gitter**) entlangtasten.

Nur dann wird aus dem religiösen Gespür nicht leere Schwärmerei, sondern menschliches Betroffensein. Jan Skácel geht diesen Weg. Zuerst klingt es noch sentimental: **das leben sei ein großer kirschgarten, ein garten voller flieder.** Doch die Realität stößt zurück ins Leben: das **gitter** ist **verrostet,** an dem er **entlanggeht,** die Erfahrung dicht und ehrlich – ohne daß das Gefühl (das wir »religiös« nannten) zum Schweigen gebracht wird; im Gegenteil: **das dunkel blaute in den venen.**

Die letzte Strophe spricht vom **wissen,** das der Dichter »heute« hat; ein Wissen, mit dem er den **mond,** den Behüter der Abende, anspricht; ein Wissen, das über das Pilatuswort im Johannesevangelium zum Leitwort menschlichen Suchens und Wollens geworden ist; ein Wissen, das in kein Denksystem eingebunden werden kann, das offen bleibt für Neues und Tieferes, das ein Geschenk solcher Stunden ist: Ecce homo – **Siehe, der mensch!**

WO WIR ZUHAUS DAS SALZ HABEN

Lange war ich nicht zuhaus.
Die mutter,
mit schuldbewußten augen,
begrüßte an der tür den seltenen besuch.
Der vater schloß das buch,
das schmal war wie die zeit,
die übrigblieb vom tag.

Sie setzten mich hinter den alten tisch,
schenkten himbeerwein ein.
Die linden sahen herein.
Am offenen fenster verneigte ich mich,
erstaunt, betrunken zu sein.

Knospe, knöspchen, sag,
ist das denn möglich,
von einem fingerhut voll wein
und noch dazu aus himbeeren?

Dummkopf,
fingergroß von der erde,
so klein bist du daheim,

duftete direkt ins ohr die rose.

Mit einemmal entsann ich mich,
wo wir zuhaus das salz haben.

Jan Skácel

Ikebana-Form: Moribana
Material: Enkianthus – Prachtglocke
Camellia japonica – Kamelie
Wurzelstück
Gefäß: hölzerner Buttertopf –
Nuristan/Afghanistan 19 Jh.
∅ 33 cm; H 15 cm

Jeder wird den Nuancen-Unterschied der Dichtung Reiner Kunzes zu der seines Freundes Jan Skácel gespürt haben. Beide sind ganz und gar nicht »modern« im Sinne von politisierender Kritik oder verzweifelnder Skepsis. Beide beschwören positive »schöne« Bilder und haben keine Angst vor Reizworten wie **liebe, zuhaus, daheim** – auch dieses Gedicht macht es deutlich. Skácel spricht es offener, breiter, erzählender aus, während Kunze asketischer, verhaltener bleibt.

Hier nun erzählt Skácel die Geschichte einer Heimkehr. Die Sachlichkeit des Berichts (man darf eine erlebte Begebenheit dahinter vermuten) weist jeden unehrlichen Überschwang zurück. Im Ikebana mit dem anheimelnden afghanischen, teilweise zerbrochenen Buttertopf, dem abgebrochenen Wurzelstück, der Kamelienblüte und den Zweigen der Prachtglocke klingt hingegen mehr »Gefühl« und »Gemüt« an, als sich beim ersten Blick im Gedicht findet.

Doch man muß den Text Zeile für Zeile abhorchen und dann noch einmal das Ikebana nachempfinden; beider »Botschaft« (ich wage das hohe Wort) klingt zusammen und erläutert einander.

Warum hat die **mutter schuldbewußte augen**? Ist es deshalb, weil der hochgebildete, angesehende Sohn sie, die einfache Frau, besucht? Der Vater hingegen empfindet den Standesunterschied zu seinem Sohn nicht. Ich sehe ihn, wie er die Lesebrille absetzt und sein Buch (erstaunlich, wie »gebildet« solche alten Bauern sind!) beiseitelegt.

Der Sohn kehrt heim **hinter den alten tisch**, und **ein fingerhut voll wein und noch dazu**

aus himbeeren macht ihn schon betrunken. Wer die Mystik kennt, denkt wohl an die »nüchterne Trunkenheit«, womit Gottes-Erfahrung »gewortet« (ein Begriff von Meister Eckhart) wird. Es ist zwar nur ein **fingerhut** davon, also nichts so Gewaltiges wie bei Plotin und der Theologia Mystica des Dionysius; aber auch hier wird ein Mensch auf eine andere, eine bessere Ebene versetzt. Die »Linden« schauen zum Fenster herein, und ich stelle mir vor, daß der Dichter Franz Schuberts »Lindenbaum« – »Am Brunnen vor dem Tore ...« vor sich hin summt.

Man erfährt das Ergebnis dieser »nüchternen Trunkenheit« in dem Märchen-Dialog, den der Dichter mit dem **lindenbaum** pflegt, vor dem er sich verneigt, und wie ein Wunder wird die Antwort des Lindenbaums zum **duft** der **rose,** der **ins ohr** dringt. Alle diese Metaphern sind wie eine Symphonie aus Traum und Wirklichkeit, aus tiefbewußter Sehnsucht und erlebter Gegenwart.

Doch die Antwort der »**lindenbaum**«-»**rose**« versetzt den Träumer zurück in die Wirklichkeit: **so klein bist du daheim.** Und diese Wirklichkeit wird mit einem Bild schlichtester Schönheit beschrieben: Er entsinnt sich, **wo wir zuhaus das salz haben.** Die Worte **daheim, zuhaus** gehören nicht ins Märchen, sondern sind vertraute Tatsächlichkeit. Salz ist das Gewürz, das der Mensch zum Überleben braucht; man reicht es sich, wenn man miteinander vertraut geworden ist. Die Weite des Sinnes (Ernst Bloch beendet sein gewaltiges philosophisches Buch »Das Prinzip Hoffnung« mit dem Wort »Heimat«) und das Konkrete eines Elternhauses mit Tür und Tisch und Fenster werden zu einer einzigen Erfahrung.

Die religiöse Sehnsucht nach dem Ganzen und die (vermeintliche) Alltäglichkeit des Besuchs bei den Eltern finden sich in einem einzigen Erlebnis! – Das ist es doch, was eine jede Religion dem Menschen schenken möchte: nicht nur Träume in unerreichbarer Ferne; aber auch nicht nur den mühseligen Alltag mit seinen von Jahr zu Jahr schwerer wiegenden Plagen; sondern diese Einheit, die zugleich ja sagen kann zum »Jetzt« wie sich ausspannen zur größeren Hoffnung.

Mich aber – und das ist mein persönliches Angerührtsein – läßt der Vers von dem **buch, das schmal ist wie die zeit, die übrigblieb vom tag** nicht mehr los. Das war doch die Sehnsucht der ersten Christen, als sie beteten: »Maranatha – komm doch, Herr Jesus«. Das findet sich in der Frömmigkeit der Chassidim: Rabbi Simcha Bunam von Pzysha sprach: »Immerzu geht der Mensch durch zwei Türen: Von dieser Welt hinaus, zur kommenden Welt hinein und wieder aus und ein.« Das ist es, was als Ausspruch Martin Luthers berichtet wird, daß er noch ein Apfelbäumchen pflanzen würde, auch wenn er wüßte, morgen gehe die Welt unter.

So sitzt auch der Vater dort zuhaus und weiß, daß die Zeit, **die übrigblieb vom tag,** schmal ist wie das **buch.** Es gehört zusammen, die Schönheit des afghanischen Buttertopfes zu lieben, der aus einem einzigen Stück Holz geschnitzt wurde, und auf die Schönheit zu warten, die in den Händen Gottes liegt.

Annäherungen

Treten Sie ein . . . Wirklich kann hier geschwiegen werden. Die Dicht-Bilder und die Bild-Bilder sprechen aus sich selbst.

Als ich die für diesen Band ausgewählten Gedichte von Reiner Kunze und die von ihm übertragenen Verse des Jan Skácel zu Ende gelesen habe, frage ich mich: Ich las doch nicht Buchstab' für Buchstabe? Wieso also sind mir die Worte und wozu zerfallen? Warum vermag ich mich einer Farbe, eines Dufts zu erinnern?

Meditieren – was das sei? Ich muß an Lily Abegg denken. An die in Hamburg geborene Schweizerin, die in Yokohama aufwuchs und heuer siebenundachtzig geworden wäre.

Keineswegs wurde sie lyrisch, wenn sie über ihr Japan schrieb. Sachlich wollte sie es begreifbar machen; und dann an einer Stelle in einem Buch sagt sie's: Bedingung ist, das – nach unserer Meinung – Unvollkommene unvollkommen zu belassen. »Einen eingefallenen Gartenzaun oder ein Loch im Dach, durch das es hereinregnet, ertragen die Japaner lange Zeit. Wenn sie im Vorfrühling ergriffen ein Pfirsichbäumchen betrachten, stört es sie weniger als uns, wenn sich gerade daneben ein abscheulicher Müllhaufen befindet.«

Oder ich denke an Dōgen, den Priester. »Öffnet sich,« so zitiert er den Patriarchen, »öffnet sich eine Blüte, sind da fünf Blütenblätter. Das Resultat kommt aus sich selbst.«

Du siehst, was sich dazu entfaltet, daß es gesehen wird. Schließlich bedarf's auch der Augen nicht. Sehen ist Gesehenwerden wie umgekehrt. **Und keiner,** Reiner Kunze, **weiß vom anderen.**

Vielleicht sollte ich's etymologisch versuchen. Blume, Blüte, die Blüte betrachten, das ist japanisch **hana.** Dasselbe **hana** ist Jugend und Schönheit und Pracht und Vergnügen, ist in der Sprache des Nō-Theaters der Augenblick der höchsten Kunst, der den Spielenden und den Schauenden in eines zieht, und soll, heißt es, in der Gaunersprache Salz bedeuten.
Die Blume **ikeru,** sie lebendig zu erhalten, ist Sinn des **ike-hana,** des Ikebana. Sagt die Lehre.

Wahr aber ist auch: **hana** mit anderem Schriftzeichen versteht sich als Nase.

Oh, Anlaß zu welch paradiesischen Vorstellungen! Daß sich **hana**-Nase über **hana**-Blume beuge. Daß es zwischen beiden **hana**-Polen Funken sprühe. Duft-Funken. Und bald ein ganzes Duft-Gewitter . . .

In diesem Punkte nun bleiben die japanischen Sprachhistoriker allerdings nüchtern. Auf ein drittes **hana** verweisend, das Anfang wie Ende, Rand, Spitze, Vorsprung meint, gehen sie der Duft-und-Riech-Verbindung aus dem Wege.

Immerhin vermuten die Kühnsten unter ihnen (oder sind es doch die Poeten?), daß **hana** drei, sozusagen die Ur-**hana,** daß also **hana**-Blume, darin der **hana**-Nase verwandt, der Gestalt und ihres Ortes nach das an Kraut, Strauch, Baum Hervor-Ragende sei oder – wie nach alter Legende die Menschenbildung mit der Nase beginne – der Anfang (und das Ende).

Daß bald schon verwelkt, was jetzt aus der Knospe bricht, macht dem Japaner deutlich: Dies ist **uki-yo,** die flüchtige Welt.

»Wenn sie,« so heißt es einmal in einem späten Roman von Yukio Mishima, »wenn sie für den Mond über dem Manöverfeld am Shirakawa-Fluß schwärmten, gedachten sie dabei, es könnte in diesem Jahr das letzte Mal in ihrem Leben sein, daß sie seine herbstlich volle Scheibe erblickten, und wenn sie die Kirschblüte priesen, stellten sie sich vor, diesmal gewiß wäre es die letzte, die sie sähen.« Nicht Trauer. Weil sie vergeht, ist Schönheit schön und wird sie gefeiert. Rund um das Jahr öffnen sich die Knospen – im noch eisigen Februar die der Pflaume, im März die der Kirsche, im April ist die Päonie, im Mai die Azalee, im Juni die Iris, im Juli die Hortensie an der Reihe, im August blüht der Lotos, im September der Süßkleestrauch, im Oktober der Enzian, im November folgt die Chrysantheme, im Dezember die Kamelie (bäumehoch!), und die kleine japanische Narzisse leuchtet bis in den Januar hinein. Und wenn es die Zeit ist, fährt oder reist man – manchmal über Hunderte von Kilometern, immer aber zu mehreren, in kleinen, in großen Gruppen – erwartungsfroh in bestimmte Städte oder Dörfer, in Parks oder Tempelgärten, auf Berge oder an Flußufer, die berühmt sind für diese oder für jene Blüte, daß man deren **hana-mi**, ihr Anschauen (wie es das Wort bedeutet) als ein Fest begehe.

Bei einem **hana-mi** wird seit alters nicht einmal mehr der Name der Blüte genannt. Das ist bei der Kirschblüte. Sie ist unter den anderen das größte Ereignis. Die Zeitungen (und heute das Fernsehen) berichten von Tag zu Tag in graphischen Schaubildern vom Vorrücken der Blüten-Front von Südwest nach Nordost über die langen, schmalen Inseln.

Warum das so ist? Bei keiner anderen Blüte als bei der Kirschblüte ist das Erblühen auch schon das Fallen.

Im Ise-monogatari (Anfang des 10. Jahrhunderts) lautet ein Kapitel:

»Einmal, nachdem er sie lange Zeit nicht besucht hatte, kam ein Kavalier, ihre in voller Blüte stehenden Kirschbäume zu betrachten, und die Herrin des Hauses dichtete:

Von den Kirschblüten
weiß alle Welt zu rühmen,
wie bald sie fallen;
auf ihn, so selten er kommt,
haben sie dennoch gewartet.

Worauf der Kavalier entgegnete:

Käme ich heute nicht –
morgen werden sie fallen,
ein leichter Schnee;
und bliebe er auch liegen,
es wäre die Blüte nicht mehr.«

Am Ende läuft alles hinaus auf die Frage nach dem richtigen Augenblick. **Da jemand für uns atmet,** und **es ist so leicht, den weg zu uns zu finden.**

Irgendwann, während ich das schreibe (**gegen morgen,** meint Reiner Kunze, **noch am schreibtisch sitzen, am hosenbein einen nachtfalter, der schläft**) – ist es, daß ich begreife: Es gilt auch für diese Annäherungen, was der Patriarch gesagt.

Öffnet sich eine Blüte ...«
Aber wie schaffe ich es denn, daß sie sich öffnet?
»Das Resultat kommt aus sich selbst.«

Siegfried Schaarschmidt
Oberursel, im Frühjahr 1988

Reiner Kunze,

Bergarbeitersohn, geboren 1933 in Oelsnitz/Erzgebirge, studierte an der Universität Leipzig Philosophie und Journalistik und lehrte dort bis 1959. Nachdem er die Universität aus politischen Gründen verlassen hatte, arbeitete er im Schwermaschinenbau. Seit 1962 freischaffender Schriftsteller. 1977 siedelte er aus der Deutschen Demokratischen Republik, wo er zuletzt in Greiz/Thüringen gewohnt hatte, in die Bundesrepublik Deutschland über. Er lebt jetzt in Obernzell-Erlau, Niederbayern.

Jan Skácel,

wurde 1922 in Znorovy, einem Dorf in Südmähren, geboren. Nach Zwangsarbeit in Österreich (Tunnelbau) studierte er von 1945–1948 Slawistik an der Universität Brünn. Bis 1952 arbeitete er als Kulturredakteur in einer Zeitungsredaktion. Dann aus politischen Gründen Hilfsarbeiter in einer Traktorenfabrik. Von 1954–1963 Literaturredakteur im tschechoslowakischen Rundfunk und bis zum Verbot der Zeitschrift »Host do domu« (Der Gast ins Haus) 1969 deren Chefredakteur. Seitdem freischaffender Schriftsteller. Er lebt jetzt in Brünn.

Horst Nising,

wurde 1938 in Düsseldorf geboren. Tätigkeit in der Industrie. Abendgymnasium. 1967–1982 Mitglied des Jesuitenordens. Laisierung 1985. 1968–1975 Studium der Philosophie und Theologie in München und Frankfurt/M. 1975–1985 Studium der Kunstgeschichte und Archäologie in Frankfurt/M., München und Trier. Promotion 1988.

Ikebana-Ausbildung nach der Lehre der ältesten Schule Japans, Ikenobo, bei Frau Shusui Pointner-Komoda. Leiter der Ikenobo-Ikebana-Gruppe im Ikebana-Center Frankfurt/M. Tätig als freischaffender Kunsthistoriker, Theologe und Ikebana-Lehrer. Er lebt jetzt in Frankfurt/M.

Josef Sudbrack,

wurde 1925 in Trier geboren. Schwere Kriegsverletzung. 1946 Eintritt in den Jesuitenorden. Studium von Philosophie und Theologie in München und Frankfurt/M. Priesterweihe 1956. Doktorat in Bonn. Habilitation in Innsbruck. Dozentur für geistliche Theologie in Innsbruck und Visiting Professor an der Harvard University/USA.

Viele wissenschaftliche und populäre Buchveröffentlichungen über christliche Spiritualität und Mystik, ihre Geschichte, Theologie und Praxis. Vorträge, Meditationstage, Exerzitien. Er lebt jetzt in München.

Christof Eichler,

wurde 1944 in Bayrischzell geboren. 1962–1964 Fotofachschule in Berlin, 1966–1968 Studium Visueller Kommunikation an der Hochschule für Gestaltung in Ulm, 1968–1969 Studium an der Bayerischen Staatslehranstalt für Fotografie, Meisterklasse.

Als Werbefotograf für namhafte Firmen im In- und Ausland tätig. Parallel dazu intensive Beschäftigung mit künstlerischer Fotografie. Lebt und arbeitet jetzt in Irschenhausen/Isartal bzw. in München.

Siegfried Schaarschmidt,

wurde 1925 in Pleißa/Sachsen geboren. Schwere Kriegsverletzung. Er studierte ab 1947 Germanistik in Frankfurt/Main. Nach vierjähriger Tätigkeit im Zeitungsfeuilleton ist er seit 1958 als freier Schriftsteller und Funkautor tätig. 1963–1966 absolvierte er ein Ostasienstudium.

Seitdem unternahm er zahlreiche Reisen durch Japan, in deren Folge die japanische Literatur zu seinem wichtigsten Arbeitsgebiet wurde. Es entstanden Aufsätze, Vorträge, Funkessays und zahlreiche Übersetzungen. Er lebt jetzt in Oberursel im Taunus.

Dank

Der Verlag und die Autoren danken hiermit sehr herzlich

für die großzügige und verständnisvolle Stiftung von Pflanzen dem Botanischen Garten in München, vor allem den Herren A. Kirscheneder, R. Müller und H. Schmitt,

für die botanische Bestimmung der für die Ikebana-Skulpturen verwendeten Pflanzen den Herren R. Müller und H. Schmitt vom Botanischen Garten in München und den Herren D. Buckley, Kl. Delor, Br. Müller und K. Schmid vom Palmengarten in Frankfurt/Main,

für die Abdruckerlaubnis den Verlagen S. Fischer, Rowohlt und Merlin:

Reiner Kunze,
Gespräch mit der Amsel,
© 1984 S. Fischer Verlag GmbH, Frankfurt am Main (Gedichte: Meditieren/Antwort/Die Liebe/Gespräch mit der Amsel/Wie man einschlafen kann/Kinderzeichnung)

Reiner Kunze, Sensible Wege
© 1976 Rowohlt Taschenbuch Verlag GmbH, Reinbek (Gedichte: Sensible Wege/Einladung zu einer Tasse Jasmintee/Erste Variation über die Post/Das Ende der Kunst)

Jan Skácel, Fährgeld für Charon
deutsche Übersetzung:
Reiner Kunze
© 1967 Merlin Verlag, Gifkendorf.
Die im vorliegenden Buch abgedruckten Gedichte wurden von Reiner Kunze durchgesehen.

Der im Nachwort (Annäherungen) auf Seite 97 zitierte Text aus dem Ise-monogatari wurde entnommen aus:
Das Ise-monogatari, Kavaliersgeschichten aus dem alten Japan, Insel Verlag, Frankfurt 1981.